A DIMENSÃO TEÓRICA E PRÁTICA DA TRADUÇÃO

Ana Maria de Moura Schäffer
Milton Luiz Torres
(Organizadores)

A DIMENSÃO TEÓRICA E PRÁTICA DA TRADUÇÃO

Uma cartografia didática

Engenheiro Coelho, SP

2019

A dimensão teórica e prática da tradução: uma cartografia didática, 1ª Edição

Copyright©2019 by Ana Maria de Moura Schäffer

ISBN: 978-85-913917-2-1

Printed in Brazil / Impresso no Brasil

Editoração: Ana Maria de Moura Schäffer e Milton L. Torres
Projeto gráfico: Ana Maria de Moura Schäffer
Capa: Ana Maria de Moura Schäffer
Revisão: Ana Maria de Moura Schäffer e Milton L. Torres

Dados Internacionais de Catalogação na Publicação (CIP)
(Fundação Biblioteca Nacional, RJ, Brasil)

D592   A dimensão teórica e prática da tradução: uma cartografia didática/ Ana Maria de Moura Schäffer, Milton L. Torres, organizadores -- Engenheiro Coelho, SP: Edição da autora, 2019.
164 p.

Autoria variada
Bibliografia
ISBN: 978-85-913917-2-1

1. Tradução e interpretação 2. Teorias da tradução 3. Didática da tradução 4. Estratégias e práticas de tradução – I. Título

CDD-418.02

Índices para catálogo sistemático:
1. Tradução e interpretação: Linguística – 418.02

CONTEÚDO

"Há uma relação muito forte e escondida entre escrever e traduzir. Se traduzir não realiza esta invenção, não corre este risco, o discurso não é mais que da língua, o risco não é mais do que o já experimentado, a enunciação não é mais do que o enunciado, em lugar do ritmo não há mais que sentido" (MESCHONNIC, 2010, p. 270).

APRESENTAÇÃO

> "Se Shakespeare estivesse vivo [...] no século XXI, principalmente após muitas encarnações de suas obras nas diferentes línguas do mundo, ele teria dito: 'A tradução é tudo'" (A. K. SINGH, 2014, p. 7).

Este livro é resultado da compilação de textos lidos e alinhavados entre 2017 e 2018, dentro do Projeto do Grupo de Estudo e Pesquisa do Curso de Tradutor e Intérprete (GETI), do UNASP, campus Engenheiro Coelho e que começou com o interesse dos participantes em conhecerem melhor os teóricos da tradução para entenderem como as teorias têm viajado e aportado na prática de tradução. Justifica-se, portanto, que é uma produção inserida dentro da dinâmica desse grupo, o qual tem possibilitado a convivência e troca de saberes interdisciplinares, de modo a intensificar os conhecimentos tratados dentro do ambiente acadêmico de forma crítica, ao mesmo tempo em que se pratica a tradução de gêneros textuais variados.

A ideia do livro foi organizar uma coletânea didática, a partir dos debates e discussões realizados nos encontros mensais do grupo. No entanto, as discussões se expandiram para as aulas de prática de tradução, em que os discentes questionavam a cisão teoria e prática da tradução constante no curso. Por isso, pretende-se que o material aqui apresentado seja mais didático, ao colher perspectivas sobre a relação da prática de tradução em consonância com os postulados teóricos de autores selecionados.

A princípio, queríamos fazer algo que, ao mesmo tempo em que introduziria os principais teóricos da tradução trabalhados durante as disciplinas teóricas do curso de Tradutor e Intérprete da IES, contribuísse enquanto coletânea, como uma cartografia didática para as reflexões sobre o fazer tradutório para interessados na pesquisa em tradução. E no sentido lato da palavra "coletânea" ['apontamentos ou extratos colhidos de vários livros], não fomos além, pois embora tenhamos lido e discutido os autores mais presentes nas rodas de conversa acadêmica sobre tradução, pelo número reduzido de participantes do grupo, não conseguimos abordar os autores pretendidos, embora cada capítulo tenha alcançado dimensões teóricas e práticas positivamente inesperadas e que certamente vão colaborar para um pensar sobre tradução não só calcado nas teorias estudadas, mas nas práticas tradutórias autênticas de laboratório.

Apesar das reflexões pontuadas terem se preocupado em destacar a prática da tradução, seus desafios, sua inseparável relação com as teorias e a impossibilidade de se falar numa sem trazer a outra, a eterna ênfase nas teorias da qual continuamos sem conseguir escapar, acabou nos tomando mais páginas. A realidade é que sempre que nos dedicamos a falar ou escrever sobre tradução, quer como docentes, pesquisadores, profissionais da tradução, aspirantes à tradução, quer como estudantes em formação, acabamos presas da armadilha do impossível, da renúncia, da desistência – tríade que se repete, via de regra, em toda discussão no seio das teorias e das práticas da tradução. Entretanto não caímos por completo nesse ardil, não renunciamos a tarefa, tampouco dela desistimos, mas, ao contrário, nela insistimos, confiantes no potencial de rebeldia da tradução que contraria os ditames da teoria, embora dela precise para justificar sua feitura.

Com isso em mente, nos voltamos para uma sala de aula de um curso de tradução e interpretação, onde neófitos estão ávidos por respostas prontas e cheios de esperança de que haverá um momento em que as teorias discutidas chegarão a um denominador que os capacitará a explicar tudo o que se passa no processo da tradução. Em paralelo às discussões teóricas, ocupamos o laboratório de tradução, onde as práticas tradutórias se processam com base nos pressupostos teóricos selecionados, numa tentativa de desfazer a tessitura da língua de partida para recompor um tecido outro na língua de chegada, como se desfizéssemos uma peça de crochê ou tricô e com a mesma linha tecêssemos outra peça.

No entanto, nada é simples em tradução, e sem demora os discentes se dão conta de que à medida que os pontos vão se entrelaçando para compor a nova peça, o fio enrosca, forma nós, se desfia, a tarefa se torna um problema, e a renúncia diante da (im)possível missão ameaça a composição da "nova" tessitura textual; mas é preciso continuar a tecer, desfazer e tecer de novo, até conseguirmos dar o último ponto. Isso ilustra simploriamente a complexa tarefa de tentar ensinar a traduzir, ou seja, enredar-se nesse processo que, mesmo com base teórica, se rebela, renuncia, tampouco encontra nas teorias respostas *ad eternum* para a tessitura do novo produto, a saber a tradução.

Vocês estão, portanto, diante de uma coletânea que foi escrito a muitas mãos: por discentes ainda em formação, por profissionais da tradução em exercício, egressos do curso e docentes pesquisadores com visões pautadas no ensino e na prática de tradução, o que ratifica os objetivos didáticos e pedagógicos do material, que se destina especificamente, a quem tem interesse em reflexões que tendem mais a levantar perguntas que dar respostas sobre/na tradução e interpretação.

No primeiro capítulo, uma professora e pesquisadora e uma tradutora em seu processo de pesquisa de doutorado desenvolvem a quatro mãos reflexões sobre o par "educar ou treinar", no que concerne aos desafios do ensino da tradução na universidade. O segundo capítulo, igualmente a quatro mãos, objetiva colocar os romanos entre a teoria e a prática da tradução, a partir do olhar de um professor da área de tradução e interpretação que, como pesquisador e intérprete de conferência tem se dedicado ao estudo dos clássicos, e de uma aluna egressa, pesquisadora e profissional da área.

Considerando que nenhuma outra tradução mereça tanta atenção como a da bíblia, não só por sua longa e abrangente história, mas pela grande variedade linguística e de gêneros textuais (SCHÄFFER, 2013), o capítulo três é dedicado a Eugene Nida, para quem "não há área cultural no mundo que não seja representada por algum tipo de tradução da bíblia" (1964, p. 4). O capítulo é resultado de uma pesquisa cujo produto foi o trabalho de conclusão de curso de uma aluna egressa, tradutora, jornalista e pesquisadora que, no momento, se dedica a sua dissertação de mestrado.

No quarto capítulo, uma professora, pesquisadora e aluna egressa descreve a importância dos Irmãos Campos para a tradução literária brasileira, trazendo exemplos da prática desses tradutores e teóricos e a dimensão fundamental que seu aporte teórico alcançou no âmbito da tradução literária. No quinto capítulo, o destaque é o tradutor e teórico da tradução, Paulo Rónai, que tem sua importância e passagem pelo contexto brasileiro aprofundadas por uma professora de tradução, pesquisadora, tradutora e também egressa do curso de Tradutor e Intérprete, ao colocar em destaque as perspectivas do teórico sobre a teoria da tradução na prática.

No sexto, uma tradutora, professora, pesquisadora participante ativa do GETI, descreve os pressupostos contemporâneos da relação teoria em prática do francês Antoine Berman, ao descrever e discutir a visada contemporânea do teórico no campo dos estudos da tradução. No sétimo capítulo, que também evidencia a contemporaneidade da tradução, sob o olhar da sala de aula, uma aluna em formação enfatiza as contribuições recentes de Anthony Pym para a reflexão teórico-prática da tradução. E ao lermos esta coletânea aqui apresentada, percebemos claramente a importância de Pym para as reflexões sobre tradução, pois o autor visita muitos dos capítulos, e isso graças a sua atualidade e reflexões referentes aos paradigmas das teorias da tradução ocidentais que vêm se desenvolvendo desde a década de 1960.

No oitavo capítulo, como uma das organizadoras do livro, professora e pesquisadora na área de tradução e gênero, não poderia deixar de trazer as teorias fundamentais de tradução de gênero (feministas), a partir de pesquisas atuais que vêm ampliando as reflexões entre tradução e gênero, as quais são representadas no capítulo por exemplos e sugestões de práticas tradutórias advindas de práticas de tradução em sala de aula e que têm alargado a percepção de discentes em formação e mesmo de docentes, sobre a importância de se construir textos com linguagem menos sexista e mais inclusiva. O capítulo põe em evidência a luta por visibilidade e inclusão das mulheres na produção escrita e oral e abre espaço para que se percebam situações que se encontram normalizadas ou ocultadas pela língua e que impedem a referenciação livre dentro da linguagem, o meio mais poderoso de construção, comunicação e discussão no espaço público. De modo específico, apresenta-se um breve cenário dos últimos estudos sobre a intersecção tradução, gênero, feminismos e linguagem inclusiva.

No nono capítulo, uma tradutora e também aluna egressa presta sua homenagem a James S. Holmes, pesquisador e introdutor da tradução no cenário acadêmico no mundo de fala inglesa, com seu seminal artigo: "O nome e a natureza dos estudos da tradução". Esse teórico que cunhou o termo "estudos da tradução" em 1972, descreveu a disciplina que se preocupou em abordar os problemas complexos que gravitam em torno das discussões sobre tradução e o fazer tradutório em si.

No décimo e último capítulo, seria injusto e o livro ficaria incompleto se não dedicássemos espaço para discutir a língua brasileira de sinais (Libras) na interface tradução e interpretação no contexto brasileiro. Dois alunos em formação enfatizam a história da tradução e interpretação de Libras e como seus pressupostos teóricos conversam com aqueles que embasam a teoria da tradução e da interpretação de línguas orais. Essa relação se expande e se explica no capítulo final, intitulado: "As teorias de tradução e a prática de tradução de Libras".

"Para concluir", temos uma última conversa que ratifica a importância da convivência e troca de saberes entre estudantes, professores, pesquisadores e tradutores para que os conhecimentos abordados e discutidos no ambiente da sala de aula de forma crítica se estendam ao laboratório, representado aqui pelas práticas de tradução dos diferentes gêneros textuais trabalhados nas oficinas de tradução que compõem as disciplinas do curso de Tradutor e Intérprete. Além disso, a produção desta coletânea destaca também a importância da pesquisa na graduação concretizada nos grupos de pesquisa dos cursos, e o quanto a participação ativa tanto dos docentes do curso, de pesquisadores convidados, quanto de egressos e discentes em formação amplia os horizontes dos futuros profissionais e desenvolve a autonomia para novas pesquisas.

Ana Maria de Moura Schäffer

Referências

NIDA, Eugene A. Toward a science of translating: with special references to principles and procedures involved in Bible translating. Leiden: E. J. Brill, 1964.

SCHÄFFER, Ana Maria de Moura. As traduções da bíblia e as teorias de tradução. In: TORRES, M.; HOSOKAWA, E.; SCHÄFFER, A. M. M.; AGUIAE, A. T (Org.). Sermo Vulgaris: a jornada das traduções da bíblia de volta à língua do povo. Cachoeira, BA: CePLIB, 2013.

SINGH, Avadesh Kumar. Translation Studies in the 21st Century. Translation Today, Volume 08, Issue 1, 2014. Disponível em: http://www.ntm.org.in/download/ttvol/Volume8/Articles/Article_1.pdf. Acesso em: 10 ago. 2019.

1 OS DESAFIOS DO ENSINO DA TRADUÇÃO NA UNIVERSIDADE: EDUCAR OU TREINAR?

Érica Lima[1]
Samira Spolidorio[2]

À guisa de introdução

Várias questões estão envolvidas quando se fala de formação do tradutor, a começar com o fato de a profissão não ser regulamentada, consequentemente, de não ser preciso ter "formação acadêmica", seja ela em nível de graduação ou de pós. Não há, na verdade, nenhuma obrigatoriedade de qualquer formação, nem mesmo de cursos livres ou de extensão[3]. Acrescente-se a isso, a ideia, de senso comum, de que basta ter domínio da língua (estrangeira, principalmente) e "saber usar" os softwares de tradução para ser um bom tradutor.

Assim, uma formação humanística mais ampla, que contemple reflexões sobre a profissão feitas por meio de fundamentações teóricas, em um sentido

---

[1] Possui Graduação em Tradução (1991) e Doutorado em Letras (2003) pela UNESP de São José do Rio Preto e Mestrado em Linguística Aplicada (1996) pela Universidade Estadual de Campinas. Retornou ao Brasil no início de 2010, após viver oito anos nos Estados Unidos, onde lecionou Língua Portuguesa para Estrangeiros na Universidade de Georgetown, em Washington, DC, e no programa de Educação Continuada de Arlington, Virginia. Foi docente da PUC-Campinas de 2010 a 2015. Atualmente é docente do IEL - Instituto de Estudos da Linguagem - da Unicamp. Atua na área de interpretação de textos e tradução, e faz pesquisa sobre temas como: formação de tradutores e de formadores de tradutores; representação do tradutor nas redes sociais; subjetividade e ideologia; tradução voluntária.

[2] Doutoranda em Linguística Aplicada pela Universidade Estadual de Campinas (UNICAMP), linha de pesquisa Linguagem e Tradução. Mestre em Linguística Aplicada pela UNICAMP, com dissertação voltada para a tradução audiovisual (em particular, legendagem). Possui graduação em Letras - Licenciatura em Português (2007), com pós-graduação lato sensu em Língua Portuguesa (2009) e em Língua Inglesa e Tradução (2015) pela Universidade Metodista de Piracicaba. Foi professora de disciplinas de Língua Inglesa, Escrita Acadêmica (em português e em inglês), de teoria e prática de tradução nos cursos de Letras Inglês ? Licenciatura e Letras Inglês ? Tradução e Interpretação da Universidade Metodista de Piracicaba (UNIMEP) entre 2015 e 2018 e de disciplinas de Língua Inglesa no curso de Letras - Português/Inglês do Centro Universitário de Belo Horizonte (UNIBH) entre 2018 e 2019. Atualmente é aluna de doutorado com bolsa sanduíche no departamento de Tradução e Paratradução da Universidade de Vigo, na Espanha pelo projeto PRINT-CAPES.

[3] Uma explicação sobre a classificação dos cursos em graduação, extensão e livres é encontrada em Martins (2008, p.173-174).

mais amplo, e o próprio conhecimento de teorias, em um sentido mais restrito, são vistos como supérfluos e, mais do que isso, inútil. O uso da teoria nos contextos de prática geralmente é subestimado - se não desconhecido - pela maior parte dos profissionais que não possuem formação específica em tradução. Também por esse desconhecimento não consideram significativo ter essa formação. Como começar, então, a falar sobre o título que nos foi proposto para este texto? Como tratar, em poucas páginas, dos "desafios do ensino da tradução na universidade"? O que priorizar em uma possibilidade de resposta para a pergunta "educar ou treinar"?

Pensando no desafio proposto pelo tema sugerido, optamos por dividir este texto em três partes. Primeiramente, apresentamos uma breve discussão sobre os desafios do ensino de tradução na universidade, abrangendo algumas diferenças entre as abordagens de tradução em cursos brasileiros de graduação; em seguida, são discutidas algumas abordagens sobre as ideias de formação e treinamento, e, por fim, trazemos as considerações finais.

Desafios do ensino da tradução na universidade

Em 1998, ano da conferência em Stanford, publicada no Brasil sob o título "A universidade sem condição", Jacques Derrida (2003) mostra que a universidade ainda é marcada como centro do conhecimento, da verdade, da crítica, e que ela não pode se abster de criticar e questionar seu papel na sociedade. O filósofo vai abordar a universidade "sem condição[4]", compelida a se render ao sistema do qual ela depende, especialmente em relação a um ensino com interesses comerciais e industriais, diferindo sobremaneira da responsabilidade social que lhe caberia. E, como pergunta o filósofo, em "O olho da universidade": "o que representa uma responsabilidade universitária? Esta questão supõe que se

---

[4] "Sans condition" refere-se tanto ao fato de não ter condições ou ser impedido de agir, por conjunturas diversas, como também ao fato de poder agir sem que sejam impostas condições, ou seja, ter uma atuação soberana.

entenda o que quer dizer 'responsabilidade' e 'universidade' - pelo menos se esses dois conceitos são ainda inseparáveis" (DERRIDA, 1999, p. 23). A inseparabilidade dos conceitos nos leva a pensar no imperativo do saber universitário, na responsabilidade que tal saber representa, pelas ações que pode desencadear. Se, por um lado, a desconstrução auxilia no repensar da universidade, por outro, mostra, como diz Derrida, uma "razão de ser" da universidade (idem). Nesse sentido, só podemos esperar e lutar por uma universidade cada vez mais aberta, acessível, questionadora e que responda às necessidades da sociedade, por exemplo, em relação à acessibilidade nos mais diversos níveis, à internacionalização, à desterritorialização do saber.

Para o tradutor, como profissional da linguagem, o espaço proporcionado pela universidade é primordial para que haja discussões constantes sobre a formação. O que é alteridade? Discurso? Ideologia? Produção de sentidos? Qual é o nosso papel de leitores? Ou, até antes disso, o que é leitura? Escritura? A universidade oferece, ainda, a possibilidade de, aos poucos, irmos nos "libertando" – ou tentando nos libertar – do querer-dizer originário, e passarmos a considerar a tradução como transformação de um texto em outro[5] (DERRIDA, 1975), o que nos traz outros conflitos e, com certeza, uma responsabilidade muito maior perante o texto, o dito e o não dito. Porque tradução, para o profissional de linguagem, não é só o que o senso comum entende como "passar de uma língua para outra ou de uma cultura para outra". Como afirma Marcos Siscar:

> A tradução liga-se à gênese do conhecimento de maneira originária. O pensamento traduz quando há passagem para a palavra, passagem do não-sentido para o sentido. O pensamento constitui, por assim dizer, uma passagem ao

---

[5] Remetemos, aqui, à ideia derridiana de texto como "uma rede de repercussões textuais de *outros textos*, uma transformação textual em que cada termo 'pretensamente' 'simples' é marcado pela marca de um outro, a presumida interioridade do sentido é já trabalhada pelo seu próprio exterior" (DERRIDA, 1975, p. 42).

discurso; assim, o pensamento deve ser entendido primordialmente como tradução (2013, p. 86).

E, se pensar é traduzir, nada como o espaço universitário para nos oferecer oportunidades de colocar o pensamento em ação. A universidade é o lugar, por excelência, para a discussão de questões críticas. A ideia da desconstrução derridiana e suas considerações sobre a universidade tratam exatamente deste ponto: o desconstruir-se da universidade, para o qual o incessante questionamento é fundamental. Para os Estudos da Tradução, isso envolveria não só uma maior autonomia no desenvolvimento de cada disciplina e de cada curso, mas uma "oposição" ao *status quo*, um refletir sobre os poderes (político, econômico, ideológico, religioso, cultural etc.) que regem as traduções.

Também é papel da universidade a conscientização do "compromisso", do "tornar-se profissional", marcado no juramento, na palavra final, antes de receber o certificado que "nomeia" o aluno-tradutor. O ato do "jurar" engloba responsabilidade, ética, compromisso e competência que a profissão escolhida desperta – e que pode ser lido na própria palavra "[professar]"[6]. Todas essas considerações nos levam à conclusão de que "ser tradutor" é muito mais do que "fazer traduções".

O filósofo também lembra que, com a revolução tecnológica, o trabalho como conhecemos está se modificando a cada dia (DERRIDA, 1999), e a tradução é uma das áreas em que as mudanças podem ser sentidas de forma avassaladora. Um exemplo disso é a tendência, com programas de tradução automática cada vez melhores, de que o tradutor passe a ocupar novos espaços e

---

[6] No sentido de algumas acepções dicionarizadas, tais como: 1. Realizar tarefas pertinentes a certa profissão. 2. Divulgar aspectos positivos de algo; apregoar, preconizar. 3. Ter convicção em relação a algo ou se adepto de. 4. Adotar certos princípios filosóficos, políticos etc. Disponível em: https://michaelis.uol.com.br/moderno-portugues/busca/portugues-brasileiro/professar/ Acessado em 19 out. 2018. Em Derrida (2003, p. 40) a ideia do professar vem relacionada diretamente ao "ser professor", à responsabilidade de saber ou de ensinar, que também está em jogo aqui.

seu trabalho passe a ser também o de editor, revisor, consultor linguístico e muitos outros que vão existir em um curto período.

Essa realidade nos leva a pensar nos cursos disponíveis no mercado. No Brasil, há quase trinta cursos de graduação de tradução ou de tradução e interpretação (COSTA, 2018). Os mais antigos são o da Pontifícia Universidade Católica do Rio de Janeiro (1968), o da Universidade Estadual "Júlio de Mesquita Filho" (UNESP, 1978) e o da Universidade de Brasília (1979). Quase todos os cursos possuem página na internet, contudo, nem todos disponibilizam a grade curricular e pouquíssimos trazem as ementas, o corpo docente e o projeto pedagógico. Observa-se, nas grades disponíveis, uma preocupação em atender às necessidades da vida profissional, com um movimento crescente para que as competências e habilidades trabalhadas nas salas de aula estejam alinhadas com as expectativas do mercado (como é o caso de cursos mais recentes, como o da Universidade Federal de Uberlândia e da Universidade Federal da Paraíba, por exemplo).

Pode-se observar, nos poucos projetos pedagógicos disponíveis online, que há uma tendência em "dividir" as disciplinas entre teóricas e práticas[7], além de uma similaridade bastante grande nas disciplinas consideradas de formação geral e de formação específica, embora nem sempre as nomenclaturas coincidam. É preciso destacar que a questão da denominação acaba sendo pouco relevante, já que as universidades, pela dificuldade em mudar o projeto pedagógico, veem-se obrigadas a recorrer a nomes e ementas abrangentes, sob os quais muitos conteúdos podem ser abraçados. Nesse contexto, invariavelmente, o programa do curso dependerá do docente. Portanto, uma disciplina de prática de tradução pode vir amplamente embasada em teoria, assim como a disciplina de teoria pode trazer exemplos práticos, ou pode ocorrer pouca (ou até nenhuma)

---

[7] Observa-se uma influência da tabela de Holmes (1972), que divide os Estudos da Tradução em aplicados e puros, com o acréscimo de tópicos relacionados à pesquisa e ao ensino trazidos, décadas depois, por Williams e Chesterman (cf. BARTHOLAMEI e VASCONCELLOS, 2008).

interdisciplinaridade. As concepções que os docentes possuem de linguagem, língua, leitura e, claro, de tradução, determinarão não só o desenrolar de cada disciplina, mas também o perfil do egresso.

Algumas universidades que não possuem graduação em tradução oferecem pelo menos disciplinas que abordam tanto teoria como prática em diferentes línguas. Nesses casos, o aluno tem uma introdução ao assunto e pode continuar a dedicar-se à área, seja por meio dos mais cursos de extensão, seja por ingresso à pós-graduação[8].

Tanto em cursos de graduação e de extensão ou em disciplinas eletivas, a universidade aparece como o lugar por excelência para que as discussões aconteçam. No entanto, se os cursos de graduação estão cada vez melhores e os cursos de extensão englobam um leque cada vez mais amplo de opções, o que "falta" para que haja maior visibilidade da academia? Por que há uma busca e uma oferta cada vez maior de cursos "livres", por exemplo? Onde devemos investir para que a formação seja mais valorizada, mais entendida e, consequentemente, mais procurada? Embora tenham conseguido um maior espaço acadêmico nas últimas décadas, os estudos da tradução ainda não são vistos como área independente em muitas universidades (estando, muitas vezes, ligados aos cursos de Letras) e até por agências de fomento à pesquisa.

Observando a situação atual[9], vemos, realmente, que há um caminho ainda a ser percorrido, tanto para conquistarmos mais espaço dentro da universidade, quanto para maior valorização da profissão, o que poderá nos levar a um maior reconhecimento e a melhores pagamentos. A universidade pode ser vista como um lugar para que mudanças ocorram, entretanto, as transformações não terão efeito se não saírem dos muros universitários, assim como o mercado

---

[8] É o caso da Universidade Estadual de Campinas, que oferece disciplinas eletivas de Introdução aos Estudos da Tradução e Tradução do inglês, francês e alemão para o português para os alunos de graduação, além de cursos de extensão com diferentes enfoques para toda a comunidade.

[9] Os cursos de graduação e pós-graduação passaram por um grande desenvolvimento desde o final do século XX até hoje. Uma amostragem desse percurso pode ser vista no livro organizado por Guerini, Torres e Costa (2013), "Os Estudos de Tradução no Brasil nos séculos XX e XXI".

não buscará outro perfil de profissional se não conhecer o que podemos oferecer. Nesse sentido, assim como os profissionais precisam de mais informação sobre o que ocorre nas universidades, os universitários também precisam ter mais voz no mercado, seja participando de *sites* criados por profissionais (como é o caso da TradWiki[10]), seja divulgando seus trabalhos em grupos de redes sociais, seja fazendo parte de associações e sindicatos. Da mesma forma, é necessário um diálogo maior entre esses outros lugares e a universidade, lembrando que todo lugar de saber tem seus pontos fracos e fortes e que nenhum lugar e nenhum discurso é neutro. Assim, em cada projeto tradutório muitos aspectos estão envolvidos, que vão desde linguísticos, culturais, históricos, ideológicos, sociais até políticos, ou seja, toda tradução, por mais simples que seja, envolve decisões sobre a finalidade do texto, o público ao qual se destina, as expectativas do cliente, entre tantas outras. Por isso, há, nos cursos universitários, uma preocupação mais humanística e menos tecnicista, com o objetivo de mostrar ao aluno a complexidade inerente a todo processo tradutório.

Educar ou treinar? O lugar das teorias de tradução

Pym (2009) afirma que indícios de algum nível de formação profissional para tradutores podem ser encontrados em vários momentos da história, em especial em pontos marcantes de expansão de domínios e impérios, "sendo a maioria deles baseado no controle da relação mestre-aprendiz"[11] (p.2) e visando a autoridade sobre a circulação de informações oficiais ou não. O autor afirma,

---

[10] "TradWiki, a enciclopédia da tradução". No momento, a página mais completa sobre a profissão, com dicas de dicionários, cursos, ferramentas etc., coordenada por Daniel Estill e elaborada comunitariamente por tradutores e intérpretes de todo Brasil. http://www.tradwiki.net.br/TradWiki_%E2%80%94_A_Enciclop%C3%A9dia_da_Tradu%C3%A7%C3%A3o Acessado em 19 out. 2018.

[11] No original: "translator training of some kind has almost certainly existed at key moments in expansive empires, mostly in the form of controlled master-apprentice relations". Disponível no texto divulgado pelo próprio autor em seu perfil do ReserchGate: https://www.researchgate.net/publication/242711915_Translator_training. Acessado em 15 nov. 2018.

ainda, que o controle da tradução de textos religiosos também teve grande influência na história da formação de tradutores, citando como exemplos a 'Casa da Sabedoria' nos séculos IV ao IX na China, voltados para a tradução dos textos budistas, as traduções de textos cristãos nas igrejas europeias dos séculos XII e XII ou a interpretação dos povos nativos da América e África colonizadas a partir dos séculos XVI e XVII.

Em todos os vários casos citados por Pym (2009) em sua retrospectiva histórica da institucionalização da formação de tradutores, o autor comenta que "a formação foi institucionalizada não só para assegurar a qualidade de desempenho, mas também para controlar a lealdade dos tradutores"[12] (p.3), que, em muitos casos, era um fator ainda mais importante do que a suposta precisão na tradução.

Como já mencionado, a formação profissional de tradutores é bastante variada e há pouca divergência sobre sua importância para a profissão. Contudo, o *formato* e, principalmente, o *local* em que essa formação deve acontecer é que continua gerando debates acalorados. Sobre essa diversidade de possibilidades, Martins (2006) afirma que

> o principal objetivo de um curso de formação de tradutores, não importa o nível, sempre foi levar o aprendiz a adquirir competência tradutória e a integrar-se com sucesso à comunidade de profissionais da área, o que implica conhecer as normas e convenções que regem o comportamento dos membros dessa comunidade ao interagir tanto internamente quanto com outras comunidades às quais prestam seus serviço (2006, p. 27).

Como vemos, para a autora, a ênfase no ensino das práticas da profissão é o centro da formação de tradutores, seja dentro ou fora da universidade. De forma semelhante, Daniel Gile destaca que, apesar de não ser obrigatória, a

---

[12] No original:" In all these situations, training was institutionalized not just to ensure a certain quality of performance but also to control the allegiance of the translators". Idem nota 9.

formação profissional formal (ainda que não necessariamente universitária) tem como principais aspectos duas importantes funções:

> uma é a de ajudar pessoas que querem trabalhar profissionalmente com tradução e interpretação a aprimorar seu desempenho e descobrir seu potencial; a outra é de ajudar a desenvolver habilidades de tradução de forma mais rápida do que por meio da experiência prática e autodidata que, em geral, pode envolver caminhar às cegas e ter que se basear no método de tentativa-e-erro (GILE, 2009, p. 7).

Em ambos os casos acima, vemos que apesar de considerar indubitável a necessidade e a importância da formação profissional, há uma clara prevalência do ensino da prática no que se considera o ideal para a formação de tradutores, e essa dicotomia reflete também o senso comum presente no mercado de trabalho.

Segundo Chesterman e Wagner (2002), a divisão entre teoria e prática, entre o saber explicar e o saber fazer, é uma discussão que remonta à Antiguidade Clássica. Contudo, naquela época, o saber teórico aparecia como o mais valorizado pela sociedade, uma vez que trabalhos manuais eram majoritariamente executados por escravos e servos, enquanto o pensar era reservado aos filósofos que dedicavam todo seu tempo livre a esse sublime intuito, abstendo-se de questões mundanas e cotidianas.

Essa divisão entre teoria e prática continuou estanque e sua hierarquia inabalada por muitos séculos, pois também durante o período do Iluminismo, o conhecimento, o saber e a teoria eram reverenciados. A ênfase na formação prática, no saber fazer (o famoso *know how*), começou a ganhar força depois da Revolução Industrial quando novos tipos de trabalhadores começaram a ser necessários para o mercado de trabalho que se desenhava.

Desse momento em diante, o ensino da prática ganhou cada vez mais força até chegar a um patamar quase que inquestionável nos dias de hoje, não só na área da formação de tradutores, mas também em muitas outras áreas de atuação. Para Chesterman e Wagner[13] (2002), essa divisão persiste baseada num desconhecimento da razão de ser da teoria, principalmente frente à obviedade da razão de ser da prática.

Segundo os autores, um dos maiores problemas parte da concepção equivocada do que é e para que serve uma teoria. Para eles, a visão do senso comum impera ao esperar que a teoria seja um modelo que pode ser 'aplicado' na prática, como um manual de instruções para orientar o 'como fazer' ou um grupo de estratégias de 'como fazer melhor' (ou em menos tempo, por exemplo). Contudo, a teoria, na verdade, configura-se mais como um conjunto de proposições (muitas vezes abstratas, é verdade) que observam, descrevem e ajudam a entender o processo de tradução já feito e, mais recentemente, o impacto e influência que essas traduções e também seus tradutores acabam por ter na sociedade. Em consonância com a proposição acima, Fawcett e Garcia (2010, p.2) afirmam que:

> um conhecimento da teoria - mais especificamente de um amplo repertório de teorias, e não de uma teoria-chefe única – pode ser uma ferramenta poderosa nas mãos de profissionais da tradução, ajudando a entender as várias formas em que a prática tradutória pode ser construída. Tais teorias podem ser teorias de ou sobre tradução, ou mesmo teorias de fora do campo da tradução, que podem proporcionar, tanto para quem pratica quanto para quem estuda, uma melhor compreensão do fenômeno da tradução como ela realmente é. Da mesma forma, a prática em si também vai, inevitavelmente, influenciar a teoria, ou assim deveria ser[14].

---

[13] Embora o livro em questão, "Can Theory Help Tanslators: A Dialogue Between The Ivory Tower And The Workforce", tenha William Chesterman e Emma Wagner como autores e, portanto, a citação apresente o nome dos dois, é importante destacar que a organização do livro é em forma de debate em que Chesterman defende a teoria enquanto Wagner rebate seus argumentos em favor da prática. Assim, os argumentos e citações creditados aqui a ambos os autores são, na verdade, de autoria e representam a opinião apenas de Chesterman.

[14] No original: "an acquaintanceship with theory, and in particular with a wide range of theories, and not some single master-theory, could become a powerful tool in the hands of translators, giving them insight into the manifold ways in which their practice might be constructed. Such theories may be theories of or about translation, or may be theories from outside the field, brought in to enable both practitioner and scholar to better understand the phenomenon of translation as such. Furthermore, we also wish to suggest that practice itself inevitably will, and should, influence theory.

Francis Aubert também concorda com a proposição da citação acima, enfatizando que a prática também é inevitavelmente afetada pela teoria. O autor comenta a importância das teorias para o que ele chama de 'prática consciente'. Afinal,

> é da teoria, ou da teorização, que derivam as práticas conscientes, lúcidas, capazes, a qualquer tempo, de se justificarem, de se defenderem, de se imporem (...). Da teorização nasce a conscientização (awareness). É a partir da teorização que se faz uma prática verdadeiramente profissional (AUBERT, 2003, p.14-15)

Tendo em mente as considerações acima sobre a importância da relação da teoria e prática, voltamos ao texto de Pym (2009) em que o autor compila argumentos diversos (em especial, KIRALY, 2000 e BERNARDINI, 2004) sobre a diferenciação entre 'educação' e 'treinamento' na formação de tradutores.

Em suma, 'treinar' refere-se a desenvolver as competências tradutórias (em sua maioria de cunho linguístico e operacional) para realizar uma tradução dentro dos padrões exigidos e, na maioria das vezes, acontece por meio de exercícios práticos guiados e orientados por uma versão (ou ideia) pré-existente da tradução 'correta', de como deveria ser. Para Pym (2009), é nesse formato que profissionais da tradução já atuantes no mercado costumam indicar e aplicar como método para a formação profissional dos aspirantes a tradutores.

Esse é também o método que podemos encontrar mais facilmente nos cursos livres (aqui entendidos com os oferecidos por empresas e profissionais da área fora do escopo acadêmico e universitário) espalhados pelo Brasil e pelo mundo afora que enfocam quase que exclusivamente tarefas de tradução baseadas em 'estudos de caso' em que um texto de um determinado domínio da tradução é traduzido, comentado e corrigido de acordo com o 'gabarito' da tradução do professor ou da tradução 'oficial' já usada no mercado.

Em contrapartida, o 'educar', para Pym (2009), indica a necessidade de ensinar os alunos mais do que apenas as habilidades técnicas, linguísticas e (atualmente) tecnológicas, mas levar os alunos a adquirirem também um amplo leque de habilidades e atitudes interpessoais. Ainda que alguns dos exemplos dados pelo autor sejam mais relacionados ao ensino da prática (como o ensino da pesquisa de terminologia, gerenciamento de projetos e do trabalho em equipe, por exemplo), acreditamos que o ensino das teorias de tradução e sua intrínseca relação com a prática tradutória, como apresentado acima, também poderia ser o elemento diferenciador entre o 'educar' e o 'treinar'.

Assim, em cursos que visam apenas 'treinar' tradutores, teríamos o que Kiraly (2000 apud PYM, 2009) aponta como uma pedagogia 'transmissionista', pois os conhecimentos e práticas do professor são apresentadas como a forma 'correta' que deve ser imitada pelos alunos em seus futuros trabalhos como tradutores. Para isso, os alunos precisariam ser expostos a uma série bastante variada de professores-treinadores que fossem especialistas em diferentes áreas da tradução para que esses pudessem 'transmitir' as técnicas específicas de cada área ou subárea da tradução, uma vez que as técnicas aprendidas seriam circunscritas àquela prática em específico.

Já para os cursos que visam 'educar', esses em sua maioria acontecendo dentro da universidade, para além das habilidades apresentadas nos cursos de 'treinar', as instituições de ensino deveriam proporcionar aos estudantes e tradutores em formação a oportunidade de "se desenvolverem como cidadãos multifacetados e não apenas portadores de habilidades técnicas. Eles devem ser ensinados não apenas como fazer; mas como se tornar membros das várias comunidades profissionais sobrepostas e responsáveis pela produção de traduções"[15] (PYM, 2009, p.8).

Com isso, o ensino de teorias de tradução pode ajudar no desenvolvimento de capacidades e habilidades dos tradutores (profissionais e/ou em formação) e auxiliá-los a chegar a uma prática mais crítica e a uma atuação

---

[15] No original: to develop as multifaceted citizens, rather than just as bearers of industrial skills. They must be taught not just how to do things; they must become members of the various overlapping professional communities engaged in the production of translations. Idem nota 9.

profissional mais cidadã. Pode ainda permitir aos alunos a liberdade de questionar os modelos e práticas impostos e ajudar a criar novos padrões e práticas pautadas não apenas no que a rotina e a repetição estabeleceram, mas baseados, por exemplo, em reflexões que visem repensar hierarquias, ou ainda aumentar a inclusão e a acessibilidade.

Dentro da abordagem socioconstrutivista sugerida por Kiraly (2000 apud PYM, 2009), os alunos não são 'receptáculos vazios' esperando pela informação a ser apresentada pelo professor, mas indivíduos dedicados a criar de forma conjunta, ativa e colaborativa, o conhecimento necessário. Nesse cenário, o professor é o 'facilitador' das discussões e atividades e seu papel principal na sala de aula é o de abrir espaço para que os alunos possam ter voz ativa na construção do conhecimento e tomar as rédeas do processo de aprendizagem.

Se dentro do 'transmissionismo', com o foco no 'treinar', o professor é a autoridade máxima, aquele que decide o que e como se deve estudar, e que tem os critérios de avaliação do que é considerado uma boa tradução, na visão socioconstrutivista, com ênfase no 'educar', abrem-se as possiblidades de interpretação, construção e reconstrução dos sentidos do texto e até mesmo da própria prática tradutória. Embora não dê respostas prontas e diretas que possam aplacar as ansiedades dos alunos em saber 'o certo e o errado', 'educar' os tradutores dentro dos aspectos discutidos neste artigo pode fornecer estratégias de questionamento, dedução e resolução de problemas muito mais amplas que podem ser 'aplicadas' a uma gama muito maior de situações, capacitando os alunos a serem profissionais mais autônomos e empoderados.

À guisa de conclusão

Não se ignora a situação complexa em que se encontra a universidade nesta era da informatização, globalização e, principalmente, internacionalização que traz questionamentos a respeito dos lugares de saber e da própria condição da academia. Contudo – e apesar disso – a universidade continua nos parecendo ser o espaço em que é possível não apenas desenvolver competências tradutórias[16], mas verificar como essas competências são formadas. Os desafios, portanto, são vários e abrangem desde o papel do professor e os objetivos do curso, como apontam Gile (2009), Martins (2006) e Pym (2009), até a concepção de ensino defendida, que, obviamente, não se resume à visão transmissionista contraposta à visão socioconstrutivista trazida por Kiraly (apud PYM, 2009), mas pode começar a ser questionada a partir dessa dicotomia, ainda presente em muitas universidades.

As modificações pelas quais a área tem passado, especialmente com a (r)evolução tecnológica, muitas vezes levam o futuro tradutor a considerar que a formação que precisa para conseguir se inserir no mercado pode estar na ponta dos dedos, nos inúmeros tutoriais e instruções para o 'treinamento' disponíveis em vários outros lugares (blogs, youtube, webinars, redes sociais, etc.). Embora tais espaços possam ser úteis para conhecimentos específicos, não são ambientes destinados à formação geral de um pesquisador autônomo e um tradutor crítico, que irá saber onde procurar as informações que precisar, por exemplo, sobre um novo *software* ou *CAT tool*, ou ainda sobre uma área do conhecimento específica, se for o caso. A autonomia de pensamento crítico é a melhor ferramenta que podemos dar aos alunos para prepará-los para o mercado de trabalho e para lidarem com os mais diversos tipos de textos. Por isso, também, que a "universidade sem condição", como defende Derrida (2003), deve continuar a reivindicar uma liberdade de crítica e "o direito de poder dizer tudo, mesmo que seja em nome da ficção e da experimentação do saber, de o poder dizer publicamente, de o publicar" (DERRIDA, 2003, p.26). Em suma, um lugar em que possamos questionar o papel da própria universidade e de todos que a constituem - o professor, o aluno, as instituições de fomento – de forma a

---

[16] Algumas abordagens das competências tradutórias podem ser encontradas em: Gonçalves e Machado (2006), Hurtado-Albir (2005) e Pym (2008).

estabelecer, de fato, um espaço de resistência, "sem condições", voltado e orientado para o conhecimento.

Por fim, uma formação que propicie a reflexão pode proporcionar ao tradutor o questionamento constante da tarefa (dever, abandono, renúncia, como defende Walter Benjamin (2008)) do tradutor que consiste, antes de tudo, na compreensão de que o sentido de qualquer texto é sempre construído – não resgatado ou restituído – e que toda leitura é formada de escolhas e renúncias. Nessa perspectiva, as teorias de tradução, mais do que explicar ou estabelecer categorias tradutórias, ou ainda prescrever estratégias e técnicas de tradução a serem usadas, possibilitam que se pense a relação entre as línguas, entre textos e contextos, entre tradutor e autor, ou, em última análise, entre o texto e sua reinvenção, a tradução.

Referências

AUBERT, F. H. Diálogos da prática com a teoria. In: BENEDETTI, I. C. & SOBRAL, A. **Conversas com Tradutores**: balanços e perspectivas da tradução. São Paulo: Parábola Editorial, 2003.

BARTHOLAMEI JR., L.; VASCONCELLLOS, M. L. **Estudos da Tradução I.** Florianópolis: Centro de Comunicação e Expressão/UFSC, 2008.

BENJAMIN, W. "A tarefa-renúncia do tradutor". Trad. Susana Kampff Lages. In: BRANCO, L. C. (Org.). **A tarefa do tradutor**, de Walter Benjamin: quatro traduções para o português. Belo Horizonte: UFMG, 2008.

CHESTERMAN, W.; WAGNER, E. **Can theory help translators**: a dialogue between the Ivory Tower and the Workforce. Manchester: St Jerome Publishing, 2002.

COSTA, R. **A formação de tradutores em instituições de educação superior públicas brasileiras**: uma análise documental. (Tese de doutorado) Programa de Pós-Graduação em Estudos da Tradução da Universidade Federal de Santa Catarina. Florianópolis, 2018. Disponível em https://repositorio.ufsc.br/bitstream/handle/123456789/188094/PGET0372-T.pdf?sequence=-1 Acesso em 15 nov. 2018.

DERRIDA, J. **Posições**. Semiologia e Materialismo. Tradução de Maria M. C. Barahona. Lisboa: Plátamo, 1975.

DERRIDA, J. **O olho da universidade**. Trad. Ricardo I. Canko e Ignácio A. Neis. São Paulo: Estação Liberdade, 1999.

DERRIDA, J. **A universidade sem condição**. Trad. Evandro Nascimento. São Paulo: Estação Liberdade, 2003.

FAWCETT, A. & GARCIA, K. I. G. Introduction. In: FAWCETT, A.; GARCIA, K. I. G.; PARKER, R. H. (ed.). **Translation**: Theory and Practice in Dialogue. New York/Londres: Continuum, 2010. p.1-22

GILE, D. Theoretical components in interpreter and translation training. In: GILE, D. **Basic Concepts and Models for Interpreter and Translation training**. Amsterdã/Filadélfia: John Benjamins, 2009.

GONÇALVES, José Luiz Vila Real; MACHADO, Ingrid Trioni Nunes. Um panorama do ensino de tradução e a busca da competência do tradutor. **Cadernos de Tradução**, Florianópolis, v. 1, n. 17, p. 45-69, abr. 2006 Disponível em: https://periodicos.ufsc.br/index.php/traducao/article/view/6856/6408. Acesso em 15 nov. 2018

GUERINI, A.; TORRES, M-H.C.; COSTA, W.C. (org). **Os estudos da tradução no Brasil nos séculos XX e XXI.** Tubarão: Ed. Copiart; Florianópolis: PGET/UFSC, 2013. Disponível em: http://www.ppgpoet.ufc.br/documentos/editais/bibliotecadigital/AndreiaGue riniMarie-HeleneWalterCarlosOsEstudosdaTraducaonoBrasilnosseculosXXeXXI2013.pdf Acesso em 15 nov. 2018.

HURTADO-ALBIR, A. A Aquisição da Competência tradutória: Aspectos teóricos e didáticos. In: PAGANO, A.; MAGALHÃES, C.; ALVES, F. **Competência em Tradução**: Cognição e Discurso. Belo Horizonte: UFMG, 2005. p.19-57.

MARTINS, Marcia Amaral Peixoto. A institucionalização da tradução no Brasil: o caso da Puc-Rio. **Cadernos de Tradução**, Florianópolis, v. 1, n. 19, p. 171-192, set. 2008. ISSN 2175-7968. Disponível em: https://periodicos.ufsc.br/index.php/traducao/article/view/6997. Acesso em 15 nov. 2018

MARTINS, Marcia Amaral Peixoto. Novos desafios na formação de tradutores. **Cadernos de Tradução**. Santa Catarina: UFSC, v. 1, n. 17, 2006, p. 25-44. Disponível em: https://periodicos.ufsc.br/index.php/traducao/issue/view/440 Acesso em 15 nov. 2018

PAGANO, A.; ALVES, F.; MAGALHÃES, C. **Traduzir com autonomia**: Estratégias para o tradutor em formação. São Paulo: Contexto, 2000.

PYM, A. **Translator Training**. Versão prelo do texto publicado no Oxford Companion to Translation Studies, 2009. Disponível em: https://www.researchgate.net/publication/242711915_Translator_training Acesso em 15 nov. 2018

PYM, A. Redefinindo competência tradutória em uma era eletrônica. Em defesa de uma abordagem minimalista. **Cadernos de Tradução**, [S.l.], v. 1, n. 21, p. 9-40, nov. 2008. ISSN 2175-7968. Disponível em: https://periodicos.ufsc.br/index.php/traducao/article/view/2175-7968.2008v1n21p9. Acesso em 15 nov. 2018

SISCAR, Marcos. **Jacques Derrida. Literatura, política e tradução**. Campinas: Autores Associados, 2013.

2 CÍCERO E JERÔNIMO: OS ROMANOS ENTRE A TEORIA E A PRÁTICA DA TRADUÇÃO[17]

Milton L. Torres[18]
Ana Cláudia Lunkes[19]

Introdução

Na antiguidade, gregos e romanos não empregaram a tradução com o mesmo propósito, nem se interessaram por traduzir o mesmo tipo de material (TORRES, 2013, p. 35-48). O empenho grego se voltou, desde o início, para uma produção essencialmente cultural. Queriam compreender os povos com os quais compartilhavam o mundo antigo e queriam catalogar e sistematizar o conhecimento alcançado pela raça humana até aquele estágio. Por isso, se dedicaram principalmente à tradução de materiais pertinentes à ciência, religião e história. A preocupação romana se voltou, por outro lado, para as artes, especialmente a literatura. Queriam assimilar o belo e lançar sobre sua civilização a sombra acolhedora e benévola do mundo grego. Sendo assim, preocuparam-se mais com a tradução da literatura e da filosofia.

A tradução literária foi muito mais importante para os romanos do que para os gregos. De fato, a tradução foi a parteira que ajudou no nascimento da

---

[17] Texto resultante da participação no Grupo de estudo e pesquisa **GETI** (Grupo de estudo do Curso de Letras e Tradutor e Intérprete do UNASP – campus Engenheiro Coelho/SP).

[18] Graduado em Letras (licenciatura em Inglês e Português) pela Faculdade de Filosofia Ciências e Letras de Caruaru (1988), em Teologia, pelo Seminário Adventista Latino Americano de Teologia (2007), mestre em Filologia Clássica, pela University of Texas System (2001), mestre em Letras e Linguística pela Universidade Federal da Bahia (1995), doutor em Arqueologia Clássica pela University of Texas System (2008), doutor em Letras Clássicas pela USP - Universidade de São Paulo (2014) e pos-doutoro em Estudos Literários, pela Universidade Federal de Minas Gerais (2009). Professor permanente do Mestrado Profissional em educação do UNASP, no Centro Universitário Adventista de São Paulo, onde também leciona nos cursos de Letras e Tradutor e Intérprete e coordena dois grupos de pesquisa: o GEAN e o AGOGE. Tem experiência na área de Educação, Letras, Tradutor e Intérprete, Arqueologia e Teologia, com ênfase em filosofia da educacío, línguas clássicas e modernas, atuando principalmente nos seguintes temas: filosofia da educação, línguas antigas e modernas, literatura antiga, tradução e interpretação, religião e arqueologia clássica e bíblica.

[19]. Possui graduação em Tradutor e Intérprete pelo Centro Universitário Adventista de São Paulo (2012). Tem experiência na área de Letras, com ênfase em Língua Portuguesa e Inglesa e Tradução.

literatura latina. Kopeczky (2009) divide os tipos de tradução literária romana nas seguintes categorias: tradução interlinear, tradução palavra-por-palavra, tradução documental ou filológica (isto é, que imita a ordem frasal e a cadência métrica do original), tradução comunicativa e tradução adaptativa. Segundo ela, na história da tradução literária romana, todas essas diferentes modalidades de tradução tiveram grande importância.

No entanto, por causa do desejo generalizado de emulação, as duas últimas categorias foram as que mais predominaram nos esforços dos tradutores romanos. No caso das traduções de Homero, Kopeczky (2008) declara que sua primeira intenção não foi educativa, já que o texto grego de Homero era bem conhecido e apreciado na Itália muito antes de as primeiras traduções terem sido empreendidas.

De qualquer forma, a tradução esteve presente, de modo conspícuo e intencional, ao longo de todo o período em que durou a antiguidade clássica. Por essa razão, é necessário concordar com a afirmação de McElduff e Sciarrino (2011) de que aquele período testemunhou o que se pode chamar de "sociedade tradutora" (*translational society*). De fato, a história da tradução na antiguidade clássica pode retroceder muito além dos limites geralmente impostos a ela por Cícero e pelo principado de Augusto (KELLY, 1979; RENER, 1989; MUNDAY, 2001). Além de sua intensa produção, os esforços tradutórios daquela época de ouro da história humana deram início a muitos dos debates sobre a abordagem ideal de tradução: palavra-por-palavra ou sentido-por-sentido. Em geral, os tradutores gregos e romanos também se preocuparam com a pragmática da tradução e com as estratégias de interpretação. Segundo Hardwick (2009, p. 35), eles chegaram a antecipar até mesmo o modelo de preservação da alteridade da fonte para o público-alvo, conforme sugerido por Schleiermacher (1813) muitos séculos mais tarde.

Neste capítulo, pretende-se tecer um breve comentário sobre o modo como Cícero (séc. I a.C.) e Jerônimo (séc. IV A.D.) se viram às voltas com a tensão existente entre a teoria e a prática da tradução. Trata-se de dois exímios tradutores que deram imensa contribuição em suas respectivas épocas, traduzindo para o latim obras que se tornaram imortais. Além disso, a proximidade, aqui, entre esses dois tradutores não é incidental, já que Jerônimo conhecia as obras de Cícero e o cita, copia ou a ele alude pelo menos três a seis vezes em seus próprios livros ou traduções (HAGENDAHL, 1958, p. 401), duas das quais nos prefácios da epístola aos efésios e do tomo XII de seu comentário a Ezequiel (ADKIN, 1997, p. 29).

Os primeiros tradutores romanos

O primeiro tradutor de renome, entre os romanos, foi, supostamente, Lívio Andrônico (284-204 a.C.), embora pouco se saiba, de fato, sobre sua vida e obra tradutória. Os dados chegam principalmente através das informações que nos são fornecidas por Varrão e de citações, pelos autores antigos, de trechos de suas traduções, já que nenhuma de suas traduções nos chegou de forma completa (WARMINGTON, 1926). Muitos presumem, sem base sólida, que o tradutor tenha sido comissionado pelo Estado a fim de empreender uma versão para o latim da *Odisseia*, que recebeu o título de *Odusia*. O fato de que sua obra tem inegáveis méritos literários nos obriga, porém, a descartar a hipótese de que o texto tenha sido preparado para uso didático. De qualquer forma, o consenso é que Lívio Andrônico fez traduções completas, já que as citações conservadas contêm passagens pouco famosas, que só teriam sobrevivido se incluídas numa tradução completa e não em uma antologia (KOPECZKY, 2008).

Kopeczky (2008) sugere que Andrônico evoluiu de traduções inicialmente voltadas para o drama, ao aceitar o desafio mais instigante de traduzir a poesia épica de Homero. Sua característica principal é a tentativa de romanizar o texto homérico. Por essa razão, Andrônico praticaria o que os latinistas convencionaram chamar de *contaminazione a distanza*, sob uma suposta influência de Antímaco e dos escoliastas de Homero. Seu mérito principal, segundo

Kopeczky (2008), é conseguir reproduzir, em latim, a tensão entre linguagem épica e dramática, pelo uso de uma linguagem ricamente decorada com arcaísmos e relativamente livre de helenismos na *Odusia*, enquanto escolhe formulações mais próximas da língua falada em suas traduções do drama grego. Sua tradução não apenas buscou transformar totalmente o texto grego em texto latino, mas implicou também numa alteração na forma poética, tendo optado pelos versos saturnianos do latim, em vez de usar os hexâmetros gregos.

Além disso, inovou no tratamento dos deuses, com denominações criativas a partir da etimologia, da função e da tradição, e no imaginário, ao eliminar expressões gregas obscuras que poderiam alienar os romanos. Na opinião de Kopeczky (2008), Andrônico opera com uma ampla segmentação textual. Isto é, ele traduz grandes unidades de texto de uma só vez, estando sempre ciente do teor total do texto. O tradutor elimina as características homéricas menos palatáveis ao gosto romano, como, por exemplo, os epítetos excessivamente ornamentados (*epitheta ornantia*) e as repetições resultantes da transmissão oral do texto épico.

Mais tarde, no séc. I a.C., o poeta Horácio começou a levantar indagações sobre o papel criativo do tradutor e do impacto de sua criação no texto da língua-alvo (**Arte poética** 133-134). O poeta deplora o que chama de "tradutor fiel" (*fidus interpres*), preocupado excessivamente em "verter o texto palavra por palavra" (*uerbo uerbum reddere*). Ele o coloca junto com o imitador (*imitator*) que cai "em um buraco" (*in artum*), de onde a "vergonha" (*pudor*) e "as leis da obra" (*operis lex*) o impedem de tirar o pé (TRINGALI, 1993). Além da tradução da epopeia e do drama grego, os antigos romanos se dedicaram também à tradução da filosofia e da oratória de Atenas. Dentre aqueles que empreenderam esse tipo de atividade tradutora, destacou-se Cícero, jurista e orador, contemporâneo de Júlio César.

Cícero entre a teoria e a prática da tradução

Conforme Rener (1989, p. 1-4) afirma, os estudiosos que se dedicam a entender a teoria da tradução geralmente escolhem um de dois caminhos: ou eles estudam o que os tradutores falam ou falaram sobre seu trabalho ao traduzir, ou estudam a prática desses tradutores a partir das obras já traduzidas. Ou seja, estuda-se o discurso sobre tradução (o modo mais costumeiro) ou o produto da tradução (especialmente comparando-o com o original), mas não o processo da tradução em si, pois este é efêmero e difícil de documentar. Por causa das intenções modestas deste capítulo, decidimos andar pelo caminho mais trilhado, limitando nossas considerações aos próprios comentários tecidos pelos dois tradutores em relação a sua obra. Obviamente, também incluímos aqui alguns dos desdobramentos desses comentários na forma como foram compreendidos pelos teóricos da tradução de nossa época.

Infelizmente, alguns especialistas, como Amos (1973 [1920], p. x) e Nida (1964, p. 12), chegaram a negar a existência de uma teoria articulada de tradução antes do séc. XVI ou XVII, dando a impressão de que "o estudo da teoria da tradução" é como se fosse "um arquipélago de muitas ilhas e sem pontes" (RENER, 1989, p. 5), o que acabou desestimulando a busca da teoria por trás da prática. Contudo, pode-se dizer, com confiança, que, ao traduzir e adaptar principalmente as obras retóricas dos oradores gregos e os tratados filosóficos de Platão, Cícero fez uso de uma avançada teoria de tradução em que afirmava que o principal objetivo da tradução deveria ser transcrever o pensamento e as figuras de pensamento do original grego. Segundo Rener (1989, p. 6-8), os gregos e os romanos já tinham aperfeiçoado a teoria de tradução a tal ponto, que ela se tornou, por vários séculos, a base do sistema educacional subsequente, sendo identificada consistentemente por dois termos principais: *hermeneia*, em grego, e *interpretatio*, em latim.

Cícero teve que lidar com a questão da tradução não apenas porque gostava de traduzir, mas em função uma objeção comumente feita por alguns romanos de que não valia a pena ler traduções, a erudição exigindo o acesso às obras em sua língua original. Nessa época, Cícero estava trabalhando na tradução de uma disputa judicial famosa, entre Demóstenes e Ésquines (dois grandes oradores gregos da época de Alexandre, o Grande), acerca de um prêmio recebido pelo primeiro. Tratou, portanto, desse aspecto controverso no prólogo de sua tradução. Esta, ironicamente, não sobreviveu, mas o prefácio passou à posteridade com o título de **O melhor tipo de orador** (*De optimo genere oratorum*). Não propôs, porém, uma exposição sistemática da teoria de tradução que empregava, ficando o valor do prefácio, especialmente o quinto e sexto parágrafos, limitado a nos instruir acerca do tipo de preconceito que o tradutor enfrentava. Ainda assim, deixa claro que não fazia traduções literais:

> Pois traduzi os mais ilustres discursos dos dois eloquentíssimos oradores áticos, proferidos um em oposição ao outro: Ésquines e Demóstenes. E não os traduzi como um tradutor literal, mas como um orador que passa as mesmas ideias, da mesma forma, moldando-os, por assim dizer, com palavras adequadas à nossa cultura. Neles, não achei necessário verter palavra por palavra, mas preservei, em todos eles, o gênero e a força da linguagem. Nem achei que deveria render ao leitor a mesma quantidade de palavras. Em vez disso, eu lhe dei o mesmo peso[20] (HUBBELL, 2006 [1949]).

Para Cícero, portanto, traduzir era colocar a forma do pensamento grego em palavras latinas (SALLIS, 2008, p. 55). Os tradutores da antiguidade tinham a concepção de que toda língua tinha sua própria especificidade, que eles chamavam de *genius linguae* ("gênio da língua") ou *proprietas linguae* ("propriedade da língua"), expressões cuja invenção é geralmente atribuída ao poeta Horácio

---

[20] Converti enim ex Atticis duorum eloquentissimorum nobilissimas orationes inter seque contrarias, Aeschinis et Demosthenis; nec converti ut interpres, sed ut orator, sententiis isdem et earum formis tamquam figuris, verbis ad nostram consuetudinem aptis. In quibus non verbum pro verbo necesse habui reddere, sed genus omne verborum vimque servavi. Non enim ea me adnumerare lectori putavi oportere, sed tamquam appendere. Todas as traduções foram feitas pelos autores (**doravante nossa tradução: n.t.**).

(VAN HAL, 2013, p. 82, n. 5). O conceito foi abraçado pelos pais da igreja, inclusive Jerônimo, e tradutores posteriores. Com isso, os tradutores antigos queriam dizer que era necessário que a tradução produzisse um texto fluente, natural e inteiramente adaptado à língua-alvo.

É possível que Cícero tenha se dedicado à tradução como forma de lidar com a perda da filha e com o isolamento político que lhe impuseram no final de sua carreira (BALTUSSEN, 2011). Se isso é verdade, pode-se avaliar que, para ele, a tradução adquiriu uma importante função consoladora.

Jerônimo entre a teoria e a prática da tradução

Por um longo tempo, os romanos não necessitavam de traduções do grego, pois eram bilíngues, e, portanto, falavam latim e grego. Mas, com o passar do tempo, eles deixaram de fazer uso frequente da língua grega e, por conseguinte, seu conhecimento dela diminuiu. A partir do século II A.D., começaram a surgir inúmeras traduções da Bíblia para o latim com o intuito de atender à necessidade crescente dos cristãos romanos de ter uma Bíblia em sua língua. No entanto, essas traduções, em sua maioria, eram incompletas, insatisfatórias e cheias de erros (RAUPP, 2011, p. 43). Em razão das muitas versões bíblicas existentes na época, grandes divergências doutrinárias agitavam o mundo cristão e provocavam sangrentas perturbações no Império, causando divisões dentro da igreja (SILVA, 2009, p. 54). Na segunda metade do século IV, a situação ficou tão grave que, para acabar com essas diferenças, o papa Dâmaso encomendou, de Sofrônio Eusébio Jerônimo, uma revisão das traduções latinas para que se criasse uma versão-padrão para se tornar a versão oficial da igreja (RAUPP, 2011, p. 43-44).

O termo Vulgata usado para denominar a tradução de Jerônimo não indica que a linguagem dela é popular, mas se refere à sua popularidade entre o povo. De fato, a tradução foi amplamente utilizada pela Igreja Católica. Embora a Vulgata não se restringisse ao que se chama de latim clássico, sua linguagem não é, no entanto, composta exclusivamente do latim popular (XAVIER, 2010, p.

220, 227). Jerônimo conseguiu, portanto, vincular sua tradução com um latim acessível e, ao mesmo tempo, nobre o suficiente para atrair os cristãos dos meios sociais mais privilegiados.

A incumbência de São Jerônimo não era traduzir a Bíblia, mas revisar as traduções latinas existentes para formar um texto padrão. Com o Novo Testamento, Jerônimo fez como ordenaram e, por isso, apenas o revisou. No entanto, ao fazer a revisão do texto da Bíblia Hebraica (BH), percebeu que as versões latinas continham inúmeras discrepâncias em relação à Septuaginta e à BH e, por esse motivo, decidiu que seria melhor fazer uma tradução do texto hebraico. A empreitada não foi fácil, pois Jerônimo tinha uma obsessão pela "clareza a todo custo" (RENER, 1989, p. 220). Em sua **Carta a Pacúvio**, Jerônimo reclama que, em se tratando do hebraico, "até a ordem das palavras é um mistério" (*et verborum ordo mysterium est*). Em outra carta (Epístola 106), dirigida a Súnia e Fretela, Jerônimo explica que tentava evitar estranhezas e, por isso, se eximia das "inovações radicais" (*nimia novitate*)

O texto hebraico usado por Jerônimo foi o Texto Protomassorético (isto é, o texto anterior à sistematização que lhe foi imposta pelos massoretas). Embora tenha feito uma tradução a partir do hebraico, sua Vulgata apresenta muitas características das traduções gregas, especialmente da LXX, pois Jerônimo usou essas traduções como auxílio à tradução. Além disso, usou a versão grega de Símaco, a versão grega de Áquila e a versão grega de Teodoção. Obviamente, também recorreu à Vetus Latina (FRANCISCO, 2008, p. 2). O uso constante do grego não o isentou, porém, de preconceitos. Como costuma acontecer com os teólogos (mas não com os linguistas), atribuiu à língua hebraica certa superioridade sobre o grego e o latim: "em comparação com a língua hebraica, tanto o grego quanto o latim são mais pobres", *ad comparationem linguae Hebraeae, tam Graeci quam Latini sermonis pauperiem* (**Comentário a Isaías**, livro 2).

Maciel (2001, p. 54) descreve, de forma sucinta, os procedimentos de Jerônimo ao traduzir:

> Hebraizar o latim, inscrever a diferença no mesmo, reconfigurar uma língua a partir da estranheza da outra, desviar-se da literalidade e arriscar-se na interpretação dos sentidos do texto foram algumas das diretrizes da obra de Jerônimo. Como um bom precursor dos modernos, ousou na invenção de neologismos, reimaginou metáforas, recusou as regras e os artifícios da retórica do tempo, experimentou novas dicções, aliou o rigor à transparência do dizer. Além disso, interpretou com acuidade teológica os textos sagrados e teorizou o próprio ato de traduzir.

Numa interessante carta dirigida a Súnia e Fretela, dois clérigos góticos que lhe pediram para criticar a tradução gótica dos Salmos, o próprio Jerônimo faz referência ao princípio da *proprietas linguae*, que exigia que ele não fizesse traduções absolutamente literais: *et hanc esse regulam boni interpretis, ut idiômata linguae alterius, suae linguae exprimat proprietate*, "deveria ser a regra do bom tradutor traduzir as expressões idiomáticas de acordo com a propriedade de sua própria língua". Nesse momento da carta, Jerônimo elogia Cícero, Terêncio, Plauto e Célio por terem feito exatamente isso em suas traduções dos clássicos gregos. Portanto, o princípio exigia que expressões idiomáticas da língua-fonte fossem reverbalizadas na língua-alvo. E é essa a recomendação de Jerônimo para a tradução da BH, quando diz: *et verba Hebraica, non interpretationes fide, sed linguae suae proprietatibus nitantur exprimere*, "não se deve traduzir o hebraico literalmente, mas de acordo com as propriedades de sua língua". De novo, está fazendo referência ao princípio do "gênio da língua". Jerônimo assevera, então, que os gregos seguiam o mesmo princípio em suas traduções do latim para o grego.

De qualquer forma, o que fica claro a partir dos comentários de Jerônimo é que as duas regras mais fundamentais de seu modo de traduzir são a lei do "gênio da língua" e o princípio da inferioridade da tradução literal, intrinsecamente ligados um ao outro. Portanto, sua recomendação, em todo caso, é: *et non debemus sic verbum de verbo exprimere ut, dum syllabam sequimur, perdamus intellegentiam*, "não devemos traduzir palavra por palavra para que não percamos o sentido na tentativa de conservar o número de palavras" (**Carta a Súnia e**

Fretela). Mais abaixo na carta, Jerônimo repete o princípio: *dum verba sequimur, sensus ordinem perdimus*, "quando nos ocupamos das palavras, perdemos de vista o sentido", e conclui: "Na tradução, deve ser seguida a regra que tenho mencionado com frequência: onde isso não provoque estrago no sentido da língua para a qual traduzimos, a beleza de som e a propriedade [da língua-alvo] devem ser conservadas" (WRIGHT, 1991)[21].

Jerônimo, aqui, acrescenta mais um princípio de tradução: a eufonia. Segundo Alcaraz e Laubard (1999, p. 416), Jerônimo, ao traduzir, norteava-se pelo princípio *non verbo de verbo, sed sensum exprimere de sensu*, isto é, não visar à tradução palavra-por-palavra e, sim, o sentido. Dessa forma, sua tradução não era só mais bela, como mais compreensível. Além disso, Maciel (2001, p. 55) nos lembra que Jerônimo era um homem religioso que "encontrava no poético a via mais genuína para a expressão do que considerava como o mais verdadeiro".

Nessa árdua tarefa de traduzir a BH, Cury (1994, p. 13) entende que foi utilizada a seguinte técnica: um rabino lia o texto em hebraico, Jerônimo traduzia simultaneamente para o latim e um copista escrevia tudo o que ele ditava. Seria por essa razão que Jerônimo chegou a afirmar que havia a necessidade de revisar sua tradução, pois, durante o ditado, o copista acabava omitindo algo. Porém, na **Carta a Súnia e Fretela**, Jerônimo coloca a possibilidade de falha do copista e do tradutor em outro contexto. Não se trata, de fato, de o copista errar ao ouvir o ditado da tradução, mas de o tradutor empregar um texto original mal copiado: "Já que estamos interessados na verdade, se algo foi alterado pela pressa do copista ou falha do tradutor, devemos simplesmente admitir e corrigir"[22] (WRIGHT, 1991 – n.t.).

De qualque forma, é verdade que o tradutor tenta se isentar de qualquer culpa: *et miror quomodo vitium librarii dormitantis, ad culpam referatis interpretis*, "eu me

---

21 *Eadem igitur interpretandi sequenda est regula quam saepe diximus ut, ubi non fit damnum in sensu linguae in quam transferimus, euphónia et proprietas conservetur.*
22 *Et quia semel veritati studemus, si quid, vel transferentis festinatione vel scribentium vitio, depravatum est, simpliciter confiteri et emendare debemus.*

admiro que, por causa da falha de um copista sonolento, vocês coloquem a culpa no tradutor" (**Carta a Súnia e Fretela**).

Considerações finais

Como se percebe, Cícero e Jerônimo tinham ideias bem estabelecidas a respeito do processo de tradução. Seu trabalho não progredia de forma assistemática e aleatória, mas era consistente e intencionalmente visava à tradução do sentido e não palavra por palavra. Tinham vasta experiência como tradutores, a ponto de Rener (1989, p. 29 e 127) afirmar que Jerônimo era um crítico da tradução e elogiar a forma criativa como conseguiu traduzir as inúmeras expressões idiomáticas existentes na BH, especialmente as do livro de Jó, como, por exemplo, a de Jó 7:19. Para Rener (1989, p. 130), Jerônimo foi, inclusive, o modelo seguido por Lutero na tradução da Bíblia para o alemão. Por causa da importância de sua tradução da BH, Jerônimo teve que fazer algo praticamente inédito para sua época: como tradutor, teve que reconhecer seus modelos, entre os quais incluiu Cícero, e justificar, em detalhes, por que traduziu do jeito que traduziu. Dessas explicações emanam um alto conceito do trabalho tradutório e uma teoria bem definida de tradução, concebida com base em três princípios: o gênio ou propriedade da língua, a reverbalização e a eufonia. Além disso, o mais importante é que, no caso desses eminentes tradutores antigos, sua teoria informava, de fato, sua prática.

Referências bibliográficas

ADKIN, Neil. Cicero's *Orator* and Jerome. **Vigiliae Christianae**, n. 51, p. 25-39, 1997.

ALCARAZ, Rafael Carmorlinga; LAUBARD, Valery. Sous l'invocation de Saint Jérôme. **Cadernos de Tradução**. Florianópolis, v. 1, n. 4, p. 415-418, dez. 1999.

AMOS, Flora R. **Early theories of translation**. New York: Octagon, 1973.

BALTUSSEN, Han. Cicero's translation of Greek philosophy: personal mission or public service? In: MCELDUFF, Siobhán; SCIARRINO, Enrica (Eds.).

Complicating the history of Western translation: the ancient Mediterranean in perspective. Manchester, UK: St. Jerome, 2011.

CURY, Waldir. **Breve histórico da taquigrafia**: fatos interessantes (e curiosos) na história da taquigrafia. II Encontro Nacional de Taquígrafos. Aracaju, nov. 1994. Disponível em: http://www.taquigrafia.emfoco.nom.br/historiadataquigrafia/breve_historico_para_o_site.pdf. Acesso em: 10 maio 2013.

FRANCISCO, Edson Faria. **A Vulgata e a Bíblia Hebraica**: diálogo entre Cristianismo e Judaísmo. Comunicação apresentada no III Congresso Brasileiro de Pesquisa Bíblica (ABIB). São Paulo: Pontifícia Universidade Católica de São Paulo, 8 a 10 set. 2008.

HAGENDAHL, H. **Latin fathers and the classics**: a study on the apologists, Jerome and other Christian writers. Goteborg: Universidade de Goteborg, 1958.

HARDWICK, Lorna. Classical texts. In: BAKER, Mona; SALDANHA, Gabriela (Eds.). **Routledge encyclopedia of translation studies**. 2. ed. Abingdon: Routledge, 2009. p. 34-37.

HUBBELL, H. M. (Ed.). **Cicero**: *De inventione*, *De optimo genere oratorum*, *Topica*. London: William Heinemann, 2006.

KELLY, L. G. **The true interpreter**: a history of translation theory and practice in the West. New York: St. Martin's, 1979.

KOPECZKY, Rita. **Literary translation in Antiquity**: trends and progress of Latin literary translation showing in ancient translations of Homer. Tese de doutorado. 2008. Budapeste: Faculdade de Artes, ELTE.

MACIEL, Maria Esther. São Jerônimo em tradução. **Aletria**, Belo Horizonte, v. 8, p. 53-29, jan./dez. 2001.

MCELDUFF, Siobhán; SCIARRINO, Enrica (Eds.). **Complicating the history of Western translation**: the ancient Mediterranean in perspective. Manchester, UK: St. Jerome, 2011.

MUNDAY, Jeremy. **Introducing translation studies**: theories and applications. London: Routledge, 2001.

NIDA, Eugene. **Toward a science of translation**. Leiden: Brill, 1964.

RAUPP, Marcelo. **Uma análise descritiva de três traduções brasileiras da Bíblia a partir de alterações introduzidas nos manuscritos em língua original.** Florianópolis, 2010. 91f. Dissertação (Mestrado em Estudos da Tradução) — Centro de Comunicação e Expressão, Universidade Federal de Santa Catarina, Florianópolis, 2011.

RENER, Frederick M. **Interpretatio**: language and translation from Cicero to Tytler. Amsterdam: Rodopi, 1989.

SALLIS, John. The end of translation. In: LIANERI, Alexandra; ZAJKO, Vanda (Eds.). **Translation & the classic**: identity as change in the history of culture. Oxford: Oxford University Press, 2008. p. 52-62.

SCHLEIERMACHER, Friedrich. Über die verschiedenem Methoden des Übersetzungs. In: STÖRIG, Hans Joachim (Ed.). **Das Problem des Übersetzens**. Darrnstadt: Wissenschaftliche Buchgesellschaft, 1813. p. 38-70. Disponível em inglês como: SCHLEIERMACHER, Friedrich. On the different methods of translating. In: LEFEVERE, André (Ed.). **Translating literature**: the German tradition from Luther to Rosensweig. Assen: Van Gorcum, 1977. p. 67-89.

SILVA, Severino Celestino. **Analisando as traduções bíblicas**: refletindo a essência da mensagem bíblica. 6. ed. João Pessoa: Ideia, 2009.

TORRES, Milton L. A tradução na antiguidade clássica. In: SCHÄFFER, Ana M. de Moura; OLHER, Rosa Maria (Orgs.). **Tradução, cultura & contemporaneidade**. Maringá: Clube de Aurores, 2013. p. 35-48.

TRINGALI, Dante (Trad.). **A arte poética de Horácio**. Edição bilíngue. São Paulo: Musa, 1993.

VAN HAL, Toon. Génie de la langue: the genesis and early career of a key notion in early modern European language. **Language & History**, v. 56, n. 2, p. 81-97, 2013.

WARMINGTON, E. H. (Ed.). **Odissia**: remains of old Latin. London: Loeb, 1926. v. 2.

WRIGHT, F. A. (Ed.). **Select letters of St Jerome**. Cambridge: HUP, 1991.

XAVIER, Mayara Nogueira. O latim da Vulgata e de outras traduções bíblicas em língua latina. **Língua, Literatura e Ensino**, Campinas, n. 5, p. 219-127, out. 2010.

3 EUGENE NIDA: POSTULADOS TEÓRICOS NA ESFERA DA PRÁTICA DE TRADUÇÃO

Thaís Alencar[23]
Ana Maria de Moura Schäffer[24]

> "Não há área cultural no mundo que não seja representada por algum tipo de tradução da Bíblia" (NIDA, 1964, p. 4).

Introdução

A atividade de tradução requer uma série de habilidades: conhecimento linguístico dos pares de línguas envolvidos, das culturas de destino e chegada, além de considerações éticas. Quem traduz precisa ter um senso de responsabilidade perante o material com o qual está trabalhando em respeito à autoria e à comunidade de chegada. Entre os teóricos da área de tradução, há muitas discussões em torno de qual é a melhor forma de se atingir o objetivo de levar determinada mensagem para um público em contexto diferente daquele de partida, sempre se voltando para a questão central da fidelidade; tais constatações não são novidade, pois muito se tem escrito nessa direção.

Se voltamos os olhos para a historiografia da tradução, perceberemos que há uma oscilação entre duas ideias principais cujos extremos são: a tradução ideal respeita o texto fonte em detrimento do público de recepção; ou a tradução ideal

---

[23] Este texto é resultado da participação no Grupo de estudo e pesquisa **GETI** (Grupo de estudo do Curso de Letras e Tradutor e Intérprete do UNASP – campus Engenheiro Coelho/SP). É bacharela em Tradutor e Intérprete e Jornalismo pelo Centro Universitário Adventista de São Paulo (Unasp-EC). Atualmente faz Mestrado em Divulgação Científica e Cultural no Labjor, na Unicamp, em Campinas.

[24] Graduação em Letras Português/Inglês pela Universidade do Vale do Rio dos Sinos (1985), mestrado em Linguística Aplicada pela UNICAMP (2000), doutorado em Linguística Aplicada pela mesma instituição (2010) e especialização de longa duração em tradução pela USP (2003). Estágio de Pós-doutorado como pesquisadora colaboradora no Depto de Linguística Aplicada do Instituto de Estudos da Linguagem, pela UNICAMP, Campinas, 2018. Professora titular em regime integral do Centro Universitário Adventista de São Paulo, campus de Engenheiro Coelho. Coordenadora do Grupo de Pesquisa GETI cadastrado no CNPq. Professora do Mestrado Profissional em Educação da mesma instituição. Coordenadora Institucional do Programa de Iniciação à docência (PIBID).

prioriza aspectos culturais e linguísticos do público de chegada. No que concerne a teoria de tradução bíblica, ênfase deste texto, por muito tempo se defendeu a primeira ideia, talvez pela forte influência da sacralidade do texto bíblico para os cristãos ocidentais.

Como resultado de sua vasta experiência com tradução em campos missionários, Nida propôs a abordagem de equivalência formal e dinâmica da tradução, relacionando-a diretamente com a teoria da comunicação. Considerando a influência do autor no contexto tradutório, o presente capítulo dialoga não só com considerações sobre ele, mas discute como a sua tessitura teórica se constrói, ao falar sobre seus modos de traduzir.

Não vamos nos deter em conceitos e noções do que seja equivalência formal e dinâmica, porque nossa ênfase não é especificamente na obra *Toward a science of translation* (1964), por natureza mais teórica pelo fato de Nida ter tomado emprestado postulados da linguística Chomskyana e, a partir dela, proposto uma "ciência" em vez de uma "arte" de traduzir; as considerações desse livro embasaram-se nos materiais de pesquisa compilados das próprias traduções da bíblia (SCHÄFFER, 2013). Também não temos como foco a segunda obra de Nida em coatoria com Taber *The theory and practice of translation* (1969), a qual é uma continuidade da primeira, que tem caráter mais prático e se tornou aporte teórico fundamental para quem trabalha com tradução bíblica, a qual tem sido caracterizada como abordagem TAPOT[25] (MOJOLA AND WENDLAND, 2003, *apud* SCHÄFFER, 2013).

Nosso destaque é o livro *Meaning across culture* (1981), do qual propusemos uma tradução com comentários dos três primeiros capítulos para nosso trabalho de conclusão de curso (2017). Neste texto, apresentamos, de forma prática, um recorte de nossa pesquisa, ao selecionarmos fragmentos da nossa tradução comentada, os quais nos ajudam a entender a proposta teórica do missionário

---

[25] Iniciais do título do livro ***Theory And Practice Of Translation*** (1969).

tradutor e nos aproximar do autor, sentindo na prática os desafios postulados por ele. Os resultados da revisão bibliográfica e da tradução parcial da obra para o português esclarecem seus fundamentos teóricos e suas contribuições não só para o campo da tradução, mas principalmente para as reflexões sobre a prática de tradução bíblica.

Sobre Eugene Nida

Eugene Albert Nida (1914-2011), americano de nascença, mas cosmopolita de coração, era doutor em Linguística pela Universidade de Michigan, trabalhou em 75 países ao lado de tradutores, transitando em mais de duzentos idiomas. Sua produção escrita resultou em 22 livros sobre tradução, linguística, antropologia e missões, sendo um dos primeiros a propor uma abordagem diferenciada no processo tradutório do texto sagrado. Por isso, é considerado o criador do método de tradução da bíblia, pois dos conceitos tirados da Linguística, das Ciências da Comunicação e da Psicologia, além de estudos culturais, o linguista desenvolveu um enfoque ou método prático de tradução, que denominou equivalência funcional ou dinâmica.

Doutora em missiologia e professora do Centro Evangélico de Missões (CEM), Leonora van de Meer (2011) lamentou a morte de Nida e prestou sua homenagem, no site da revista Ultimato, ao destacar:

> todo missionário preparado para missões transculturais, e muito mais, toda pessoa dedicada à tradução da Bíblia nos últimos 70 anos recebeu uma influência grande desse servo de Deus. Com inteligência e percepção cultural privilegiada, boa formação e muita sensibilidade, propôs a tradução como equivalência funcional ao invés de uma tradução mais literal, difícil de ser compreendida em outro contexto cultural e linguístico. Agradecemos a Deus por sua vida, trabalho e influência.

Nida teve uma carreira bem-sucedida como coordenador do programa de traduções da Sociedade Bíblica Americana por mais de 50 anos, como mentor e consultor do programa global de traduções das Sociedades Bíblicas Unidas. No Brasil, ele também deixou seu legado diretamente, ao contribuir para a publicação da Bíblia Almeida Revista e Atualizada e ter sua obra *Customs, culture and christianity* (1985) adaptada para o livro *Costumes e Culturas* (1995), conhecido no meio dos estudantes brasileiros de missiologia. Sua vida foi dedicada a povos inseridos em contextos culturais diferentes do seu.

Também foi um dos primeiros a se propor a passar períodos de convivência com as comunidades para os quais iria traduzir o texto sagrado. Isso lhe rendeu uma experiência prática incomparável e sem precedentes, uma vez que sua vivência no campo missionário lhe permitiu criar estratégias de tradução que buscavam alcançar diretamente a comunidade alvo; nesse sentido, seus postulados teóricos se revestem de importância, quando consideramos que sua prática tradutória e suas propostas teóricas hoje ainda são empregadas nas traduções do texto sagrado.

Com um trabalho voltado para missionários e tradutores, o teórico foi um dos poucos linguistas da década de 1950 a enxergar a variedade de línguas como algo natural do planeta e não como uma exceção. Além disso, por conta de seu histórico como missionário em terras distantes, destacava que as línguas faladas na África e na Oceania excediam em complexidade os idiomas europeus (SCHMITZ, 1999).

Um dos motes de Nida enfatizados a partir da experiência com o campo missionário defendia que: "É impossível julgar e conhecer os costumes de outros povos, se não apreciamos o ponto de vista deles" (NIDA, 1954, *apud* SCHMITZ,1999, p. 2). Esta afirmação confirma a tese do filólogo em estudar diferentes povos e suas culturas, antes de se aventurar nas traduções da bíblia para tais comunidades. Além disso, somos levados a refletir se, de fato, seria possível apreciar o ponto de vista de um povo/cultura sem antes conhecer sua língua; Nida nos responde que não, ao nos contar a sua trajetória como linguista e tradutor de textos bíblicos para culturas minoritárias, infiltrando-se nas comunidades com vistas a se comunicar com elas e, a partir daí, compartilhar diferentes cosmovisões através da tradução.

Pensar na importância dada por Nida às línguas e culturas dos povos é o início de um caminho longo a ser percorrido se quisermos entender o que está por trás do seu modelo tradutório. Para o linguista, a tradução que propõe a equivalência dinâmica é aquela que causa nos leitores da língua de chegada o mesmo efeito de sentido provocado nos leitores que tiveram contato com o texto de partida.

A teorização de Nida na sua prática da tradução

O conceito de equivalência, no qual Nida baseou toda a sua teoria de tradução, é alvo de muitos estudos na área. Um desses é o de Schmitz (1999; 2001), professor e linguista que, em seu texto: "A contribuição de Eugene Nida para a teoria e a prática de tradução", faz um balanço da carreira do autor. O linguista, logo no início de seu artigo, ressalta que teóricos de outras áreas têm se impressionado com a quantidade de material produzido em torno da área de tradução; por sua vez, enfatiza, Schmitz, os estudantes ficam confusos diante de tantas opiniões conflitantes a respeito da equivalência, pois essa ao longo do tempo, foi recebendo diferentes concepções.

Segundo o professor, o fato de Nida ter dedicado sua carreira a entender melhor a questão da equivalência na tradução, já é motivo suficiente para respeitarmos sua proposta, considerando que o missionário tradutor edificou uma obra teórica não no vácuo, mas a partir da experiência prática em campo de trabalho, pois, esclarece Schmitz, o interesse de Nida foi, desde o princípio, encontrar respostas na prática a uma de suas grandes preocupações, ou seja, a falta de equivalentes linguísticos e culturais entre as línguas e culturas de partida e chegada, principalmente, em contextos não ocidentalizados.

A partir disso, se sedimenta a noção de equivalência dinâmica, pois por traz dessa ideia, acha a defesa do missionário tradutor, ao destacar que a preocupação principal de quem traduz nesses contextos não deve ser encontrar um equivalente perfeito na língua de chegada, mas um que se aproxime ao máximo dos efeitos de sentido apreendidos da língua de partida.

Por essas razões, os princípios conceituais de tradução de Nida colocam grande peso sobre a equivalência, cujo fundamento não é outro que o exercício diário de tradução com comunidades tão distantes da sua. Apesar de tratar-se de uma abordagem multidisciplinar, o autor não pressupõe a presciência de seus leitores quanto aos conceitos com os quais deseja relacionar a tradução, mas adota um tom didático, que conduz seu público a um passo de cada vez. Isso se evidencia quando estabelece as noções da teoria da comunicação, concepções que conduzem toda a carreira tradutória, pois para ele tradução significa comunicação, e esses dois universos não se sustentam isolados.

No entanto, Schmitz (2001) relembra que Nida pagou um alto preço por ser honesto na sua missão de tradutor, professor, linguista e missionário, pois muitas críticas lhe foram desferidas, sendo a principal que sua teoria apresenta juízos de valor nas práticas realizadas, por ser uma visão judaico-cristã voltada para a Bíblia e, por isso, impedindo que haja uma postura neutra de quem a propôs.

Logo no prefácio de sua obra *Toward a Science of Translation* (1964), mais teórica na sua natureza, e em momentos diferentes de *Meaning across culture* (1981), cujos excertos discutimos aqui, Nida (*apud* SCHMITZ, 2001) explica o porquê de se apoiar sempre no texto bíblico. Ele afirma que os princípios que se acham no texto sagrado se aplicam a qualquer tipo de texto:

> Embora o escopo da teoria de tradução desta obra seja inclusivo, os dados são primariamente extraídos do material bíblico. Isso não é uma grande desvantagem como pode parecer à primeira vista, pois nenhum outro tipo de tradução tem uma história tão longa, envolve tantas línguas diferentes, inclui tantos tipos de textos e abrange tantas regiões do mundo com culturas diferentes, como o texto bíblico (NIDA, 1964. p. ix).

Quanto à questão do caráter inclusivo da teoria, Nida é muito coerente pois em *Meaning across culture,* ao falar sobre a relação entre a forma e o conteúdo da mensagem e como é difícil priorizar uma sem que a outra sofra alguma perda, ele trabalha seus exemplos na prática de tradução de poesias, e estas não são necessariamente bíblicas.

Quando lemos a obra *Meaning across culture* [O significado além da cultura] (1981), sem tradução para o português do Brasil, percebemos que Nida partiu sempre desse universo antropológico e comunicacional para poder discutir questões de tradução, evidenciando-se na obra como um todo, o empenho constante de abordar a tradução de maneira interdisciplinar. Tal postura pode ser justificada segundo Wills (1993, *apud* SCHMITZ,1999), pelo fato de Nida ser considerado um linguista intercultural com fortes conexões interdisciplinares que inter-relacionava tradução, linguística, antropologia, língua, cultura, religião e ensino de línguas.

Um exemplo disso é a proposta de tradução da bíblia para os povos indígenas. Para Nida, antes do povo indígena começar a ler o texto sagrado, precisava compreender o que estava lendo; daí a necessidade de quem vai traduzir buscar sempre situações e experiências que remetessem a elementos presentes na cultura desses povos (SCHMITZ, 1999, p. 4). E para cumprir esse propósito, o tradutor se aproximava da comunidade, escolhia pessoas dentre o povo, organizava equipes que lhe ajudariam a entender melhor os costumes, as crenças, a religião e a história daquela cultura; desse modo, ele organizava um repertório de informações que lhe davam segurança e subsídios para fazer suas conexões interdisciplinares na produção de uma tradução que falava a língua do povo.

O universo antropológico e comunicacional já apareceu na introdução da obra TAPOT (1969, p. 3-9), em que os autores, ao identificarem "novas posturas" com respeito ao receptor e às línguas fontes das traduções da Bíblia; defendem, entre outras coisas, a ideia de que cada língua tem sua índole e, como tal, precisa ser respeitada para que haja efetiva comunicação, considerando mesmo a possibilidade de mudança da forma para o entendimento da mensagem (SCHÄFFER, 2013).

Nida retoma seu universo transdisciplinar no livro *Meaning across culture*, pondo em destaque principalmente a teoria da comunicação, para trazer um pouco dos desafios e das questões que envolvem o processo de tradução em ambientes culturais complexos e distantes. O autor logo na introdução chama a atenção sobre a relação entre traduzir entre línguas pertencentes a um mesmo tronco linguístico, a despeito da impossibilidade de equivalência exata; por outro lado, aborda o alto grau de dificuldade quando se traduz línguas distantes, ao mesmo tempo em que explicita os principais problemas com base nos contextos geradores de toda a discussão sobre tradução e equivalência.

Antes de relacionar a ação de traduzir com a comunicação, Eugene Nida questiona o significado de comunicar, ao trabalhar os elementos da teoria de comunicação propostos de Jakobson (fonte/responsável pela emissão da mensagem/mensagem/receptor), sem os quais não há comunicação. O foco inicial do autor é a comunicação dentro de uma mesma língua e sua aplicação na tradução.

Segundo o linguista, a mensagem é composta de dois elementos básicos (forma e conteúdo) que se relacionam com a língua na qual quem está emitindo uma mensagem escolheu e, para que haja comunicação, mesmo dentro da mesma língua, é preciso considerar o background que envolve ambos os lados da corrente comunicativa (emissor/receptor), além do ambiente onde se dá o processo comunicativo, pois se os lados não possuem o mesmo *background* linguístico, é quase impossível haver comunicação efetiva. Paralelamente a esses elementos, são enfatizados os padrões de comportamento, as pressuposições culturais e os variados níveis de significado dos discursos, compondo esses aspectos o processo comunicativo. Como exemplo, Nida descreve o episódio em que os discípulos foram surpreendidos ao encontrar Jesus conversando com uma mulher de reputação duvidosa junto ao poço, quando o sol já ia alto no céu. Nida nos lembra que, se a história se passasse nos dias de hoje, os discípulos ficariam surpresos, se Jesus perdesse a oportunidade de conversar com esta mulher, em evidente necessidade.

Nida também aborda os ruídos e alega que qualquer choque entre diferentes aspectos de um contexto pode gerar ruídos que impedem a comunicação, ou seja, entraves no processo gerados por preconceitos das pessoas a respeito do que leram ou ouviram ou do que entenderam terem lido ou ouvido. Como sugestão, Nida sugere estratégias de transposição cultural quando diante do texto bíblico, pois se entre o inglês e as línguas bíblicas já há um verdadeiro abismo cultural, este se torna maior ainda se tomarmos o público da realidade de Nida.

A relação entre o processo de comunicação e o de tradução indica que a pessoa envolvida assume duplo papel, sendo receptor/a e emissor/a da nova mensagem. Se pensarmos nessa duplicidade, veremos que quem recebe a mensagem interpreta-a conforme seu contexto de interpretação, sendo tarefa desse processo de interpretação fazer com que quem receberá a mensagem seja capaz de entender na mesma proporção que os primeiros leitores.

No entanto, engana-se quem pensa que na visão nidiana, esse processo se reduz a uma simples transferência de uma língua para a outra, pois se traduzir é também interpretar, considerando a observação do público receptor, não há como a interpretação ser a mesma da língua de partida. Além disso, como já mencionado, a proposta de Nida surgiu não de devaneios pessoais em sua torre de marfim, mas da observação do comportamento das pessoas, o que será chamado no livro de "padrões de comportamento"

Como exemplo, o autor apresenta sua preocupação com a tradução de Apocalipse 3:20: "Eis que estou à porta, e bato; se alguém ouvir a minha voz, e abrir a porta, entrarei em sua casa, e com ele cearei, e ele comigo". Para algumas comunidades no sudeste da Ásia, a mensagem do texto soaria estranha e é bem provável que a construção da imagem de Jesus ficaria comprometida, uma vez que neste contexto, só os ladrões chegavam batendo à porta para verificar se havia alguém em casa. Qualquer pessoa que viesse para uma simples visita, chamaria o dono da casa pelo nome e seria reconhecido pela voz. Outro exemplo trazido do contexto africano é a comparação da cor da cabeça e dos cabelos de Jesus, em Apocalipse 1:14: "E a sua cabeça e cabelos eram brancos como [...] a neve...". Como eles não sabem o que é neve, pelo contexto desértico, na tradução para uma das línguas africanas, a "neve" foi substituída por "brancos como plumas de garças". O efeito de sentido da brancura se manteve, mas introduziu-se um elemento que fazia parte do cotidiano de chegada, tornando a mensagem muito mais clara e próxima à cultura alvo.

Em seguida, Nida adverte sobre o emprego muitas vezes impensado de empréstimos; isto é, trazer palavras da língua de partida para a língua de chegada. Para o autor, essa prática tem sido fonte de ruídos e equívocos na tradução, visto as palavras não trazerem consigo a carga de significados que possuíam na língua de partida; elas vêm despidas de significado ou zeradas, e o desafio de quem traduz, é preenchê-las ou vesti-las com o significado contemplado no contexto de chegada.

Como exemplo, o autor descreve que:

> Em uma das línguas da África protestante, missionários insistiram em emprestar a palavra grega *pneuma* (na forma de *nyuma*) para "espírito", embora a língua indígena contivesse vários termos para espírito. De maneira similar, católicos romanos emprestaram *Espiritu* (do latim, *spiritus*) para a mesma língua local (NIDA; REYBURN, 1981, p. 21 – n.t.)[26].

---

[26] At one of the protestant Africa1s languages, the missionary insisted on borrowing the greek *pneuma* (in the form of *nyuma*) for "spirit", even though the indigenous language contained numerous terms for *spirit*. Similarly, Roman Catholic borrowed Espiritu (from latim *spiritus*) for the same local language. (Todas as traduções que aparecem com **n.t.** foram feitas por nós).

Para os autores, não se percebeu qualquer benefício nesse empréstimo, porque os termos emprestados foram interpretados pelos nativos exatamente conforme suas crenças locais já existentes.

Nida continua suas considerações e discute os diversos conjuntos de pressuposições que envolvem as culturas que, para ele, pressuposições culturais são hipóteses implícitas, crenças e ideias compartilhadas por um grupo, em uma determinada comunidade. Estas são tão obvias para quem está envolvido naquele contexto que não se vê a necessidade de formalizá-las verbalmente. Para exemplificar como o pensamento de uma época exerce influência na tradução, Nida introduz o diálogo dos discípulos com Jesus, em João 9:2, quando os discípulos perguntam a Jesus sobre quem havia pecado para que o homem nascesse cego: "este homem ou seus pais?". Nos tempos no novo testamente, acreditava-se que doenças de nascimento representavam punição divina por conta de algum pecado cometido pelos familiares.

Nida destaca que a bíblia está repleta de conjuntos de pressuposições culturais, por narrar a história de vários povos, possuir dois testamentos e sofrer influência de outras culturas, como a grega no Novo Testamento; essas pressuposições influenciaram fortemente a forma como os eventos foram interpretados e como o serão hoje, ponto determinante na recepção de uma mensagem. Seria por isso a bíblia um livro intraduzível? Nida defende o contrário, pois a bíblia para ele era o livro religioso mais traduzível do mundo, porque é oriunda de um lugar e época que deram surgimento a muitos padrões culturais que se espalharam e que até hoje influenciam alguns setores da sociedade.

O contexto histórico jamais pode ser esquecido, mesmo em traduções que buscam alcançar culturas distantes da nossa. A exemplo, destacamos a tradução de Nida da expressão "cordeiro de Deus", para o povo inuíte. Essa é uma metáfora marcante no contexto bíblico para representar Jesus, porém completamente desconhecida para aquele povo. Segundo Nida, após a explicação de como o cordeiro era visto no contexto israelita e sua relevância para os sacrifícios no santuário, o povo mesmo sugeriu que a expressão ficasse "um animal manso chamado cordeiro". Assim, a figura bíblica foi mantida entre os inuítes. No entanto, noutra cultura, por exemplo, a dos esquimós, Nida sugeriu que se traduzisse "a foca de Deus", propondo, assim, uma adaptação da mensagem às circunstâncias locais, estratégias estas que resultaram na sua "tradução de equivalência dinâmica".

Ao relacionar a tradução com o ato comunicativo, Nida parece dar mais ênfase à audiência de chegada, o que não diminui a importância dada por ele ao texto de partida, pois o contexto histórico bíblico, segundo defende, são imagens, metáforas e elementos de fundamental importância e que despertam o respeito pelo texto sagrado. Mas em outro momento da obra, Nida trabalha conceitos que ratificam a importância de se respeitar o texto de partida, colocando que é necessário haver limites no processo de adaptação e ajustes na tradução, embora ele postula a impossibilidade de se ter um tipo de tradução que se iguale à mensagem do texto de partida. Para ele, a equivalência em tradução deve buscar promover entre os receptores e a mensagem, os mesmos efeitos de sentido relacionais que existia entre o texto de partida e seus leitores, principalmente no caso da equivalência dinâmica:

> A tradução fundada na equivalência dinâmica visa à completa naturalidade de expressão e tenta relacionar o receptor a formas de comportamento relevantes dentro do contexto da sua cultura. Não implica em que o receptor entenda os padrões culturais do contexto da língua-fonte para entender a mensagem (NIDA, 1964, p. 159 – n.t.).[27]

---

[27] A translation of dynamic equivalence aims at complete naturalness of expression, and tries to relate the receptor to modes of behavior relevant within the context of his own culture; it does not insist that he understand the cultural patterns of the source-language context in order to comprehend the message.

Conforme Nida, esta naturalidade deve se ajustar a três aspectos: à língua e à cultura dos receptores como um todo; ao contexto da mensagem específica; e ao público da língua alvo.

Considerações finais

O tradutor missionário sempre será lembrado pela revolução que promoveu no âmbito da tradução bíblica, em meados do século XX, pois pudemos apreender que suas estratégias de tradução tiveram grande impacto sobre o crescimento e o desenvolvimento da Igreja cristã, pelas centenas de traduções do texto sagrado a culturas quase inacessíveis. Ainda hoje se pode sentir a sua influência, na medida em que milhões de pessoas em centenas de línguas, em todo o mundo, tiveram acesso à bíblia graças ao método que ele desenvolveu e disseminou.

Nida encarava a tradução como algo superior a uma simples transferência de mensagens ou busca de equivalentes em diferentes línguas, mas a forma de se fazer tradução, conforme sugerido pelo linguista, envolve respeito, conhecimento linguístico e cultural, conhecimento da cultura alvo, no sentido de entender suas particularidades e, a partir disso, alcançá-las por meio de uma tradução fluente e dinâmica, sentido que justifica sua proposta de equivalência dinâmica; não uma busca cega de um referente comum entre as culturas, seja via palavras, seja via contexto, mas uma busca dinâmica de contextos que se equivalham na mensagem pretendida e nos objetivos a serem alcançados.

Referências

BURNS, Bárbara; AZEVEDO, Décio de; CARMINATI, Paulo Barbero F. de. **Costumes e Culturas** – Uma introdução à antropologia missionária. 3ª ed. São Paulo. Vida Nova, 1995.

MOJOLA, Aloo Osotsi; WENDLAND, Ernst. Scripture translation in the era of translation studies. WILT, Timothy (Ed.). *In*: **Bible Translation:** frames of reference. Manchester: St Jerome Publishing, 2003.

NIDA, Eugene A. **Toward a science of translating:** with special references to principles and procedures involved in Bible translating. Leiden: E. J. Brill, 1964.

NIDA, Eugene A.; REYBURN, William D. **Meaning across cultures.** Maryknoll, NY: Orbis, 1981.

NIDA, Eugene A.; TABER, Charles R. **The theory and practice of translation** (abordagem TAPOT). Leiden: E. J. Brill, 1969.

SCHÄFFER, Ana M. Moura. As traduções da bíblia em interface com as teorias de tradução. *In*: TORRES, M.; HOSOKAWA, E.; SCHÄFFER, Ana M. Moura; AGUIAR, Adenilton T. de (orgs.). **SERMO VULGARIS**: a jornada das traduções da bíblia de volta à língua do povo. Cachoeira, BA: CePLib, 2013.

SCHMITZ, J. R. The contribution of Eugene Nida to the theory and practice of translation. **World Congress of the International Federation of Translators (FIT),** Mons, Bélgica. Programme World Congress of the International Federation of Translators. Bruxelas, Bélgica: Federation International de Traduteurs, 1999.

SCHMITZ, John Robert. The Promise and Perils of Equivalence in Translation Studies. **Tradução e Comunicação** – Revista Brasileira de Tradutores, São Paulo, n. 10, p. 57-74, maio 2001.

VAN DE MEER, Antonia Leonora. Morre Eugene Nida, criador de método de tradução da Bíblia. 2011. Disponível em: https://www.ultimato.com.br/conteudo/morre-eugene-nida-criador-de-metodo-de-traducao-da-biblia. Acesso em: set. 2019.

4 HAROLDO E AUGUSTO DE CAMPOS: ARTESÃOS DA PRÁTICA DE TRADUÇÃO LITERÁRIA[28]

Ellen Nogueira Rodrigues[29]

> "A teoria é apenas o acompanhamento reflexivo [...]. A experiência vem primeiro" (H. MESCHONNIC, 2010, p. XVII)

Introdução

Os irmãos Augusto e Haroldo de Campos trouxeram uma valiosa contribuição para a literatura nacional e o campo da tradução de textos poéticos. O legado de suas traduções revitalizou significativamente a tradição poética no Brasil, assim como a forma crítico-criativa do seu fazer literário e tradutório contribuiu para uma teorização sobre a tradução. Em seus ensaios críticos e teóricos sobre a tradução, analisam meticulosamente as relações entre a teoria e prática no exercício da tradução, de forma a estabelecer caminhos para uma espécie de metodologia de tradução. Como afirma Barbosa e Wyler (1998, p. 332), os irmãos Campos "são o que há de mais próximo de uma teoria da tradução no Brasil".

Embora os irmãos Campos compartilhassem da mesma prática tradutória, Haroldo de Campos (HC) foi quem mais se dedicou à tarefa intelectual de crítico-tradutor, ao desbravar sua prática de convergência entre poesia e tradução. Para Vieira (2006), os ensaios e prefácios às suas traduções são aulas magnas de construção de significação da tradução para o português, como exemplificado na obra *A Arte no Horizonte*, na seção "A Poétia da Tradução".

---

[28] Texto resultante da participação no Grupo de estudo e pesquisa **GETI** (Grupo de estudo do Curso de Letras e Tradutor e Intérprete do UNASP – campus Engenheiro Coelho/SP).

[29] Professora de Letras e Tradutor e Intérprete no Centro Universitário Adventista de São Paulo. Doutora em Educação (PhD in Curriculum and Instruction) pela Andrews University (EUA), com um semestre sanduíche (Visiting PhD Student) na Michigan State University. Mestre em Inglês (área de concentração: ensino de inglês como segunda língua) pela Andrews University.

Ademais, os irmãos idealizaram a fundação do Movimento dos Poetas Concretistas no Brasil e contibuíram ativamente com ela.

Os postulados dos irmãos Campos sobre a tarefa tradutória não podem ser entendidos sem a afiliação ao movimento Concretista, cujo enfoque buscava estimular e refletir sobre a tradução poética criativa por meio de diversas afiliações relacionadas à música, ao cinema, às artes plásticas, ao movimento Futurista e ao Dadaísmo. Os poetas concretistas ampliaram o foco no verso e nas unidades semânticas, de modo a abarcar os demais aspectos gráfico-espaciais, vocais e sentimentais do poema, visando à produção de um sistema de relação entre as partes. Portanto, "o conteúdo não deve ser pensado à letra, em unidades semânticas, mas como um conjunto formal-semântico-emocional, cujo espírito deve ser captado" (CAMPOS, 2008, p. 1).

Os concretistas deram o devido destaque à tradução como fonte pedagógica e crítica, como meio de promover uma releitura da literatura canônica européia (MAGALHÃES, 1998). Por conseguinte, eles se dedicaram ao trabalho de seleção das obras pertencentes à tradição e à poesia, ao traduzirem vários escritores vanguardistas da poesia concreta. Além de traduzirem os "poetas de inovação" da tradição poética ocidental, eles promoveram elementos da poesia oriental, como a música e o ideograma chinês (SILVA, 2005).

De fato, vários poetas e teóricos traduzidos pelos concretistas, como Mallarmé, Joyce, Pound e Cummings foram em grande parte traduzidos pelos Irmãos Campos, dois poetas e teóricos que se debruçaram sobre as dimensões formais e criativas do poema. De forma específica, Jakobson, Walter Benjamin, Pound e Max Bense forneceram subsídios para o trabalho teórico e tradutório dos Irmãos Campos. Aliás, a visão poundiana da tradução exerce uma influência decisiva na concepção dos Campos. À luz dessas informações introdutórias, o presente capítulo procurará delinear os traços principais das concepções dos Irmãos Campos sobre a tradução de poesia, principalmente aquelas de Haroldo de Campos.

Transcriação e o *Make it New*

Em sua obra tradutória, os irmãos Campos apresentam características que refletem o pensamento poundiano, principalmente ao darem ênfase à atividade criativa dos tradutores e sua ampla capacidade de invenção. Para Haroldo de Campos (doravante Campos), a tradução de poesia está ligada à categoria da criação, pois a "tradução de textos criativos será sempre recriação, ou criação paralela, autônoma, porém recíproca" (CAMPOS, 2004, p. 35).

Tais pressupostos dialogam com o que defendia Pound, um dos nomes mais importantes da tradução de poesia no contexto inglês. Para Pound, a tradução é um processo de releitura, crítica e criação, em que quem traduz contribui efetivamente para a reconstrução de uma tradição literária. Conforme Campos, Pound exercia "a tradução como uma didática, como uma forma crítico-criativa de inventar" (CAMPOS, 2004, p. 35), ao dar visibilidade aos tradutores, identificando-os como recriadores de repertório de textos da literatura nacional (VIEIRA, 2006). Para tanto, a máxima de Pound era "Make it new" (transformar em novo), partindo do pressuposto que quem traduz participa de um processo de recriação da poesia, renovando o poema de origem; ou seja, o velho é tornado novo.

Em contraste com a premissa da impossibilidade da tradução devido à característica sensível da poesia, Campos remete a Jakobson, quando este postula a possibilidade da tradução mediante a transposição criativa. Embora o conceito de recriação/transcriação tenha algumas nuances em sua acepção nas obras dos Irmãos Campos, o termo invoca o potencial criativo dos tradutores de transformar o poema original (NÓBREGA, 2006).

Conforme Santana-Dezmann e Milton (2016) salientam no texto "O *'make it new'* segundo Haroldo de Campos", há três momentos na trajetória dos irmãos Campos ligados à noção de transcriação. Primeiramente, eles usam o termo recriação para exemplificar sobretudo o tradutor-tradição, que tem uma postura crítica em relação às obras da tradição literária. Ao longo dos anos 1960 e início dos 1970, há o enfoque no trabalho dos tradutores como criadores, daí a concepção da transcriação.

Já no final dos anos 1980, a tradução passa a ser apresentada como um ato de transgressão. Por isso, a transcriação envolve um conjunto de acepções ao longo de um percurso de síntese pessoal do ato tradutório. Além disso, Campos também criou neologismos para a sua tradução de obras consagradas da literatura mundial, como é o caso da tradução de Dante, metaforizada de Transparadização e da de Goethe, como Transluciferação.

Em seu primeiro artigo de fôlego: "Da Tradução como Criação e como Crítica", Campos destaca a noção de recriação e tradução enquanto atividade criativa, cujo texto fundante "vai permear todo o pensamento posterior do autor" (MORENO, 2001, p. 95). O termo recriação/transcriação sintetiza o postulado do tradutor-criador que produz algo novo e do tradutor-tradição, ao fazer de novo o poema de partida.

A concepção do trabalho tradutório requer pensar o projeto de tradução como "tradução-tradição", conceito que evoca a tradução como reconstrução do poema original por meio da linguagem atual, revitalizando assim a obra, por meio de versos extraídos por outros poemas. Para Campos, os tradutores exercem um papel pedagógico e crítico, ao vincularem a tradução ao seu contexto cultural e ao ampliarem o repertório poético que é "muitas vezes insuspeitado ou obscurecido pela rotinização do gosto acadêmico e do ensino da literatura" (CAMPOS, 2004, p. 25). Consequentemente, os tradutores reimaginam e "usurpam a obra para o seu tempo e lugar, afastando-se da literalidade" (NÓBREGA, 2006, p. 250).

Conforme Campos, há uma relação dialética entre os aspectos temporais (passado, presente), a literalidade e criatividade do poema traduzido. Como indica Nóbrega (2006, p. 253),

> Para Haroldo, portanto, o emblema poundiano significava que a transcriação do texto, visando à literalidade, deveria levar à transformação criativa do extratexto – à modernização do contexto histórico, muitas vezes através da incorporação de intertextos que aproximam a tradução do presente de criação.

Isto se verifica na tradução de *Qohélet* ou *Eclesiastes*, em que os irmãos Campos utilizam recursos prosódicos de autores brasileiros como Guimarães Rosa, João Cabral de Melo Neto e Caetano Veloso para a hebraização do português (NÓBREGA, 2006). Em *Coup de Dés*, também se observa o uso da palavra "apartado" para "écarté", em que aparece um intertexto Camoniano (Já no alto oceano navegam/ as inquietas ondas apartando). Para tanto, "ao se atribuir relevância à escolha do texto a ser traduzido, durante o próprio processo de escolha, já estaria em curso certa operação de crítica" (CAMPOS, 2004, p. 44). O tradutor como crítico não apenas desenvolve uma releitura das obras da tradição, mas também define a formação do cânone literário.

A concepção de tradução como recriação atrela a tradução à arte da criação, deslocando o foco central da tradução da poesia que é o significado para a forma do texto. Alinhado à visão poundiana, Campos argumenta que a tradução de poesia deve ultrapassar a via do "conteúdo" ou "significado" do texto para o modo como o texto está organizado, pois esse modo "constitui o tipo de informação que o caracteriza"; por isso, a materialidade e as propriedades sonoras e imagéticas devem ser traduzidas, não apenas o significado (CAMPOS, 2004, p. 35). Nesse sentido, eles se afastam da visão tradicionalista da tradução que privilegia o significado para a informação estética da mensagem.

Guerini (2000), ao discutir a tensão entre teoria e prática de tradução em Campos, reforça que na tradução literária é necessário reconstituir o sistema de signos que envolve a mensagem, seu perfil sensível, apoiando-se sobretudo na tradução da forma. Quando o significado é o foco principal da tradução, emergem os conceitos de fidelidade e invisibilidade da operação tradutória. No entanto, com o enfoque na fidelidade ao "espírito" e à "estética" do texto, é esperado a transformação do original e o afastamento da literalidade, pois a ênfase se coloca justamente na invenção do modo de construção do poema de partida. Para Campos (*apud* TÁPIA & NÓBREGA, 2013, p. 5):

> [...] tradução de textos criativos será sempre recriação, ou criação paralela, autônoma, porém recíproca. Quanto mais inçado de dificuldades esse texto, mais recriável, mais sedutor enquanto possibilidade aberta de recriação. Numa tradução dessa natureza, não se traduz apenas o significado, traduz-se o próprio signo, ou seja, sua fisicalidade sua materialidade mesma (propriedades sonoras, de imagética visual [...]). O significado, o parâmetro semântico, será apenas e tão somente a baliza demarcatória do lugar da empresa criadora. Está-se, pois, no avesso da chamada tradução literal.

Essa troca da tradução semântica para estética transforma a condição da impossibilidade da tradução, ao introduzir a concepção de traduzir como recriação. Flores (2016, p. 12) destaca que esse plano de criação e transformação do original de Campos foi uma "virada de argumentação do pensamento cristão ocidental sobre a tradução".

De acordo com Nóbrega (2006), parte das obras de Campos vai na direção da recriação denominada pelo autor como "transluminuras", que segundo ele próprio explica, essa criação neológica era "a passagem da iluminação, da revelação epifânica de um texto para outro, em que este segundo texto seria o produto de sua transcriação [...]. Reúno sob este título um conjunto de textos "reimaginados" (ainda mais que transcriados) em português" (CAMPOS, 1998, p. 359).

O termo "transcriação" se desenvolveu do aprofundamento da visão de "recriação", inaugurada em fins da década de 1950, quando Campos introduz o fazer tradutório como um processo de 'recriação' com um viés crítico, sendo diferente do cânone literário vigente (SANTANA-DEZMANN; MILTON,

2016, p. 1-2). Somente nos anos 1960-70, a concepção de "transcriação" se consolida, levando Campos a perceber a liberdade de agir sobre o texto poético pelo processo da tradução; dessa percepção resultará outra de suas invenções; desta vez, o poeta-tradutor apresenta a tradução como um ato de "transgressão" (idem).

Um exemplo da transcriação de Campos pode ser observado na tradução de *Bere'shit*, o Gênese. A palavra hebraica *shamáyim*, no geral traduzida por céu, é traduzida pelo poeta por "fogoágua", sugestão de Meschonic para as palavras *esh* (fogo) e *máyim* (água), uma representação concreta do hebraico (CAMPOS, 1993, p. 27).

Ao incorporar os postulados de Pound de ver a tradução como criação e como crítica, Campos pensa a tradução vinculada ao contexto dos tradutores e privilegia a eficácia estética da tradução (NÓBREGA, 2006). Contudo, em seu projeto de tradução como recriação, o tradutor-poeta é mais cauteloso ao manter a estrutura morfossintática do original, ao passo que Pound é mais ousado e toma o texto poético como inspiração para a recriação de novas poéticas, ao desconsiderar a estrutura sintática da língua de partida.

A hiperfidelidade

Parece bastante contraditório e até descabido, como discute Nóbrega (2006), falar em "hiperfidelidade" em se tratando de Haroldo de Campos, pois parece impossível agregar criação, recriação e transcriação na tradução poética com "uma postura de fidelidade, ou de hiperfidelidade" (*idem*, p. 250), conforme Campos (*apud* NOBREGA, 2006, p. 251*)*:

> uma tradução atenta ao modo de construção do poema, a seus aspectos fono-semânticos, à sua configuração sígnica. Ou seja, uma literalidade e uma aderência ao signo. **Uma abordagem oposta à tradução fiel ao conteúdo e à forma mais superficial do original (métrica e rima)**. Segundo ele, é esse o território por

excelência da transcriação: o plano linguístico, a "estrutura intratextual", o intracódigo (grifos meus).

Evidencia-se nos grifos acima que Campos não compartilhava do mesmo significado de fidelidade que tanto se tem discutido na tradução; ou seja, uma cegueira por parte de quem traduz que se vê como uma máquina de reproduzir significados que, como um ser etéreo, precisar saber as ditas "intenções da autoria". É possível para quem traduz reimaginar e criar algo novo, mas a tarefa de recriação na tradução para os Campos significava mais que isso, era rearranjar o conteúdo e a forma do texto de partida para transformar o original (idem).

Visto por outro ângulo, o potencial de criação, recriação e transcriação do texto de partida significa "encontrar soluções no âmbito semiótico do poema, e não fora dele" (SANTANA-DEZMANN; MILTON, 2016, p. 8). Nesse sentido, o elemento inovador na operação tradutória, segundo Campos está não em fugir da fidelidade, "mas sim em tentar ser fiel às impressões que o poema a ser traduzido nele suscita" (idem, p. 3). Campos busca aproximar ao máximo o texto de partida do contexto nacional e refuta a dicotomia forma/conteúdo, pois visa "à preservação da forma do texto poético, por meio da qual os sentidos são construídos" (idem, p. 6).

Guerini (2000, p. 112), ao estudar a produção poética de Campos defende que para o poeta, quanto mais diversa a musicalidade e estrutura de uma língua, mais a tradução se abre para a criação-tradução autoral. "Quanto mais inçado de dificuldade esse texto, mais recriável, mais sedutor enquanto possibilidade aberta à recriação" (CAMPOS, 2004, p. 35).

Em seu artigo: "Transcriação e Hiperfidelidade", Nóbrega (2006, p. 254) acaba por anuir com Derrida que Campos tem um enfoque paradoxal no seu fazer tradutório, pois intercala "entre o polo do universal e do nacional, do mesmo e do estrangeiro, da distância e da proximidade em relação ao original". É justamente esse desejo de não renunciar a nada na tradução poética que equilibra a tensão entre os polos, de modo a conferir maior vitalidade à tradução poética de Campos.

Transluciferação

Os Irmãos Campos cunharam diversos neologismos para a sua concepção sobre o fazer tradutório e o vocábulo "transluciferação" soma-se a "criação", "recriação", "transcriação", "transparadisação", "transluminação" (CAMPOS, 1987, p. 65). A criação neológica "Transluciferação" foi motivada pela leitura crítica de Campos dos postulados de Walter Benjamin (2001), sobretudo aqueles que tratavam da atitude dos tradutores frente à obra original. Campos problematiza a concepção de Benjamin de que a tradução deveria "redimir na própria a pura língua, exilada na estrangeira, liberar a língua do cativeiro da obra por meio da recriação" (BENJAMIN, 2001, p. 211).

Na visão de Campos, ao Benjamin caracterizar como má tradução aquela que se submeteria a uma "transmissão inexata de um conteúdo inessencial" (p. 191), a teoria de Benjamin é orientada por uma "tradução luciferina", que se recusa a servir de forma submissa a um conteúdo pré-estabelecido, questionando desse modo a noção de autoria. Com isso, Campos desconstrói

> o mito da "servitude [*non serviam*] que, via de regra, afeta as concepções ingênuas da tradução como tributo de fidelidade (a chamada tradução literal ao sentido, ou, simplesmente, tradução "servil"), concepções segundo as quais a tradução está ancilarmente encadeada à transmissão do conteúdo do original (1981, p. 179).

A submissão ao conteúdo é retratada pelo ser angelical, enquanto que o anjo caído simboliza o exceder do objeto sígnico e superação do original (PRADO e ESTEVES, 2009). Campos enfatiza que seu conceito de tradução não se filia à noção de tradução literal, e que a rebeldia à intepretação tradicional/literal retrata a sua transgressão.

Diante disso, o conceito de transluciferação revela os propósitos últimos da transcriação, em que traduzir e trovar são aspectos iterativos da mesma realidade. De acordo com Magalhães (1998, p. 147), para os irmãos Campos existe "o drama de compor, ou criar…onde o resultado da criação não parece natural, semelhante ao pai, mas monstruoso, no sentido de algo que se mostra, ou se exibe". Logo, o mito da tradução literal é questionado em favor de uma produção da diferença no mesmo, de liberdade para extravasamento das fronteiras da língua.

Considerações finais

Os irmãos Haroldo e Augusto de Campos contribuíram grandemente para a renovação da tradução e da literatura nacional. Eles elevaram a atividade tradutória, tirando os tradutores da margem e colocando-os em uma posição central, em que passam a ter liberdade de fazer leituras crítico-criativas, tanto de obras canônicas quando da literatura vigente.

A tradução literária no Brasil tomou fôlego e se destacou a partir das práticas de tradução dos Irmãos Campos, as quais foram aos poucos sedimentando concepções teóricas inovadoras, cujas bases se assentam em pilares como criação, recriação, transcriação e transluciferação, criações neológicas e metafóricas próprias dos Irmãos Campos e que foram desdobradas e representados na prática tradutória desses poetas.

Contudo, ao contrário do que muitos críticos alegam, os Irmãos Campos não defendem um vale tudo na prática tradutória, pois para eles, há todo um arranjo de elementos formais e semânticos no texto que não podem ser deixados de lado, mas devem ser recriados, transcriados e transformados em novos textos ao se proceder à prática da tradução literária. Para os Campos, não se pode abrir mão da densidade dos elementos que compõem o texto de partida e que vão se somar à construção e recriação da tradução. A tensão constante entre teoria e prática de tradução não deve ser vista de modo negativo, mas apontar para o caráter inventivo que faz parte da tradução do texto poético e da própria natureza da linguagem.

Cabe por fim destacar que é possível sentir nos postulados teóricos dos Irmãos Campos a tensão entre o desejo de recriar novas reações semânticas e estéticas a partir das pistas do texto fonte e o anseio por manter proximidade com ele, visto que ora há a primazia na conservação do texto de partida, ora a sua completa transformação.

Referências

BARBOSA, Heloísa Gonçalves; WYLER, Lia. Brazilian tradition. In: BAKER, M. (Dir.). **Routledge encyclopedia of translation studies**. London/New York: Routledge, 1998.

BENJAMIN, Walter. A tarefa-renúncia do tradutor. Trad. Susana Kampfflages. *In:* HEIDERMANN, Werner (org.). **Clássicos da teoria da tradução**. Florianópolis: UFSC, 2001.

CAMPOS, Augusto de. Augusto de Campos: em busca da "alma" e da "forma". **Revista do Instituto Humanitas Unisinos**, São Leopoldo, n. 276, ano VIII, 6 out. 2008. Disponível em: http://www.ihuonline.unisinos. br/index.php?option=com_content&view=article&id=2212&secao=276. Acesso em: dez. 2018.

CAMPOS, Haroldo de. **A arte no horizonte do provável**. São Paulo: Perspectiva, 1977.

CAMPOS, Haroldo de. ***Bere'shit*** – A cena da origem e outros estudos de poesia bíblica (transcriações de Haroldo de Campos). São Paulo: Perspectiva, 1993.

CAMPOS, Haroldo de. **Crisantempo**: no espaço curvo nasce um. São Paulo: Perspectiva, 1998.

CAMPOS, Haroldo de. Da tradução como criação e como crítica. *In:* **Metalinguagem e outras metas:** ensaios de teoria e crítica literária. São Paulo: Perspectiva, 2004.

CAMPOS, Haroldo de. Transluciferação mefistofáustica. *In:* CAMPOS, Haroldo de. **Deus e o diabo no Fausto de Goethe**. São Paulo: Perspectiva, 1981.

FLORES, Guilherme Gontijo. Da tradução em sua crítica: Haroldo de Campos e Henri Meschonnic. **Circuladô** - Revista de Estética e Literatura do Centro de Referência Haroldo de Campo, São Paulo, ano IV, n. 4, p. 9-26, março 2016.

GUERINI, Andréia. "L'INFINITO": Tensão entre teoria e prática na tradução de Haroldo de Campos. **Cadernos de Tradução**, v. 2 n. 6, p.105-114,2000. Disponível em: https://dialnet.unirioja.es/descarga/articulo/4925800.pdf. Acesso em: out. 2019.

MAGALHÃES, Célia. Tradução e transculturação: a teoria monstruosa de Haroldo de Campos. **Cadernos de Tradução**, vol. 1, n. 3, p. 139-156, 1998. Disponível em: https://dialnet.unirioja.es/descarga/articulo/4925638.pdf. Acesso em: dez. 2018.

MORENO, Silene. **Ecos e reflexos:** a construção do cânone de Augusto e Haroldo de Campos a partir de suas concepções de tradução. Orientadora: Rosemary Arrojo. 2001. Tese (Doutorado em Linguística Aplicada) – Instituto de Estudos da Linguagem, da Universidade Estadual de Campinas, 2001.

NÓBREGA, Thelma Médico. Transcriação e hiperfidelidade. **Cadernos de Literatura em Tradução**, n. 7, p. 249-255, 2006. Disponível em: http://www.periodicos.usp.br/clt/article/view/49417. Acesso em: nov 2018.

PRADO, Célia Luiza Andrade; ESTEVES, Lenita Maria Rimoli. A tradução verbivocovisual de Haroldo de Campos. **Tradução & Comunicação:** Revista Brasileira de Tradutores, n. 19, p. 115-127, 2009.

SANTANA-DEZMANN, Vanete; MILTON, John. O "make it new" segundo Haroldo de Campos. **Tradução em Revista**, 20, p.1-15, 2016.

SILVA, Luciana de Mesquita. Olhares em trânsito pela tradição: Os irmãos Campos tradutores. **Revista Gatilho**, ano 1, vol. 2, novembro 2005. Disponível em: http://www.ufjf.br/revistagatilho/files/2009/12/artigoLuciana.pdf. Acesso em: dez. 2018.

TÁPIA, Marcelo; NÓBREGA, Thelma Médici (Org.). Haroldo de Campos: transcriação. São Paulo: Perspectiva, 2013.

VENUTI, Lawrence. The Translator's Invisibility: a History of Translation. London/New York: Routledge, 1995.

VIEIRA, Bruno Vinicius Goncalves. Contribuições de Haroldo de campos para um programa tradutor latino-português. Terra roxa e outras terras - Revista de Estudos Literários, Vol. 7, p. 80-88, 2006. Disponível em: http://www.uel.br/cch/pos/letras/terraroxa. Acesso em: dez. 2018.

5 PAULO RÓNAI: HERANÇA TEÓRICO-PRÁTICA NA TRADUÇÃO BRASILEIRA[30]

Creriane Nunes Lima[31]

Como homem das línguas e das letras, Paulo Rónai era um prático-teórico da tradução. Sendo primeiramente tradutor e depois teórico da tradução, sua prática intensa ao longo de vários anos o levou a teorizar sobre os requisitos considerados por ele como imprescindíveis aos amantes da arte da tradução. Tal fato nos leva a propor este texto que analisará as teorias tradutórias de Rónai, à luz da sua prática de tradução. Tradutor experiente, ele apresenta de forma didática, em sua obra mais importante no campo da tradução: *A Tradução Vivida* (2012), uma verdadeira sistematização dos requisitos básicos necessários a quem se insere na área de tradução. Nessa obra, vemos a relação prática e teoria/teoria e prática exposta em forma de exemplos e conselhos desse grande intelectual das letras que também fundamentou as raízes desta profissão no Brasil.

Encontramos em suas obras, também, lições de profissionalismo e ética destacados como imperativos dessa ocupação. Esperamos que este texto contribua para uma reflexão significativa no contexto de formação de profissionais da área e, para tanto, analisamos alguns exemplos e questões concretas que o próprio Rónai enfrentou e destacou em sua trajetória. Especificamente, são alvos de nosso interesse seu pensamento teórico-tradutório acerca de questões como: a) requisitos de profissionais ideais de tradução; b) as "armadilhas da tradução", descrevendo sobre os perigos da polissemia e

---

[30] Texto resultante da participação no Grupo de estudo e pesquisa **GETI** (Grupo de estudo do Curso de Letras e Tradutor e Intérprete do UNASP – campus Engenheiro Coelho/SP).

[31] Professora no Centro Universitário Adventista de São Paulo (UNASP- campus Engenheiro Coelho), coordenadora dos cursos de Letras e Tradutor e Intérprete (presencial e a distância). Tradutora nas áreas de Educação e Religião e autora de livros didáticos. Especialista em Docência Universitária, em Língua Inglesa, pelo Centro Universitário Adventista de São Paulo, e mestre em Educação pela mesma instituição.

problemas linguístico-culturais de difícil solução; c) ética e fidelidade na tradução e d) frustrações e compensações de quem traduz.

Paulo Rónai: um tradutor e teórico revolucionário

Em 1941, o húngaro Pál Rónai já era um profissional da tradução em plena atividade, além de doutor em filologia e professor universitário em Budapeste. Na Hungria, motivado pelo desejo de aprender línguas exóticas, estudou sozinho a língua portuguesa e publicou traduções de poetas portugueses e brasileiros em sua terra natal. Mas, a época era de perseguição nazista aos judeus, época de Segunda Guerra Mundial, o que o levou a exilar-se no Brasil como Paulo Rónai. Esse intelectual chegou em terras nacionais no mesmo ano de 1941, com 33 anos de idade e trouxe consigo, além de sua ampla bagagem cultural, uma prática crítico-tradutória que produziu grande impacto na história dos Estudos da Tradução no Brasil, como aponta Ascher (1994, p. 19): "no Brasil dos anos 1940 isto [tradução] era novidade e, diga-se de passagem, tal noção não foi inteiramente naturalizada entre nós ainda hoje. [...] No Brasil, a tradução continua sendo vista como um ofício menor".

A partir daí, Rónai enriqueceu nosso país com sua intelectualidade e ao mesmo tempo, encontrou aqui condições propícias para continuar seu fluxo tradutório e amadurecer seus talentos de tal forma que entrou para a história da crítica literária brasileira como um dos que mais contribuiu para a área no país. Em 1952, ao publicar o primeiro livro dedicado inteiramente à tradução no Brasil: *Escola de Tradutores*, Rónai consolidou sua relevância a essa área que até hoje se desenvolve de forma lenta, mas com futuro promissor.

No Brasil, Rónai teve oportunidade de ser professor, editor, escritor e atuou como tradutor de diversas línguas, dentre elas o húngaro, o alemão, o inglês, o francês e o italiano. Aos 69 anos, em 1976, ele publicou: *A Tradução Vivida*, obra em que encontramos sua proposta teórico-tradutória amadurecida e a forma como ela se aplica à prática de tradução de qualquer tradutor/a em seu ofício.

A questão da teoria e da prática dentro do processo tradutório em nosso contexto é de extrema importância, pois há um descompasso nos cursos de graduação e formação de tradutores no Brasil nesse sentido. Geralmente, a teoria é apresentada de forma desconexa e distante da prática, mas o que as reflexões de Paulo Rónai nos apontam é que inevitavelmente, teoria e prática andam juntas e que a reflexão sobre elas é de relevante para a tarefa de quem traduz, no exercício de sua vocação. Para Rónai, "o ensino da tradução só pode partir de exemplos concretos e deve ter em vista, sobretudo, flexibilizar a mente do tradutor e mantê-la em estado de alerta" (RÓNAI, 2012, p. 19). Isso indica que, para Rónai, a prática da tradução não pode estar dissociada da teoria, ela só é possível a partir de questionamentos, de teorias, de confrontações e conjecturas.

Àquela altura, outros teóricos já haviam proposto suas teorias da tradução. J. Vinay, Darbelnet e Mounin apontavam reflexões que explicitavam o desejo de se produzir uma teoria "científica" da tradução, onde seria deixado de lado o parcial, o impreciso, o variável e o subjetivo. O que buscavam era a confirmação da concepção da linguagem científica, ou a tese linguística de que "a prioridade explícita é exatamente preservar a 'ciência linguística'" (MOUNIN, 1975, p. 27). Há, portanto, nesse período, a influência de uma tentativa de sistematização do processo tradutório cultuando a possibilidade da razão e da lógica dirigirem a linguagem como categoria independentemente de qualquer subjetividade. Evidencia-se assim, a concepção predominante de teoria da tradução eminentemente "científica".

Essa proposta viria como uma reação à tendência de tradução livre praticada por séculos na França, chamada de *les belles infidèles*. Com relação a esse tipo de tradução/adaptação, Paulo Rónai foi incisivo:

> Até fins do século passado, sobretudo na França, as traduções não só eram demasiadamente livres, mas também realizadas, mais de uma vez, de maneira arbitrária. Muitos tradutores, alegando exigências do gosto francês, operavam modificações substanciais, principalmente grandes cortes.

> [...] Vi que os tradutores franceses suprimiam sistematicamente todos os trechos em que havia dificuldades não resolvidas pelo dicionário. [...] Mas naquela época não se pedia ao tradutor senão uma adaptação (RÓNAI, 1987, p. 28).

No entanto, como veremos mais detalhadamente, Rónai também se posiciona contrariamente a uma concepção de teoria da tradução prioritariamente técnica e científica: "a maioria das pessoas quando pensa em tradução, faz ideia de uma atividade puramente mecânica em que um indivíduo conhecedor de duas línguas vai substituindo, uma por uma, as palavras de uma frase na língua A por seus equivalentes na língua B" (RÓNAI, 2012, p.17). Para Rónai, o trabalho de quem traduz é muito mais desafiador, seletivo e reflexivo: "o sentido de um enunciado não é a simples soma dos vocabulários que o compõem" (p. 14)! E vai tão além que se traduz, "também quando, através das fórmulas usadas por nosso interlocutor em obediência a convenções sociais, tentamos descobrir o seu pensamento verdadeiro" (RÓNAI, 2012, p. 15).

O trabalho teórico de Rónai é fortemente influenciado por seu exercício na profissão e parte de sua vasta experiência como tradutor. Em *A Tradução Vivida*, ele sustenta a postura de que "a tradução aprende-se traduzindo" (p. 110), e ressalta a importância do contexto na realização de qualquer exercício tradutório.

Para ele, não é possível separar teoria e prática. Mesmo que a teoria não seja percebida consciente e empiricamente, ela está presente. Para Rónai, toda a prática tradutória será realizada a partir de uma perspectiva teórica. Sem dar maior ênfase à teoria como superior à prática ou à prática, anulando a teoria, Rónai aponta que:

> Uma das falácias da tradução é a ilusão de poder aprendê-la por tratados. Ora, como organizar um manual de tradução, se esta arte (ou ofício, se querem) escapa a toda sistematização? Na verdade, a tradução aprende-se traduzindo. Não quer isto dizer que não se deva meditar o assunto por escrito; apenas que não se pode esperar de um

manual de tradução a precisão e a eficácia de um tratado de Óptica ou de Geometria" (RÓNAI, 2012, p. 135).

Paulo Rónai: entre a teoria e a prática da tradução

Em suas obras sobre a prática da tradução, Rónai constantemente invoca os leitores a refletirem sobre os problemas enfrentados e as decisões a serem tomadas na tradução. Tal convite incessante reflete sua crença na indissociabilidade entre o pensar sobre o traduzir e o próprio traduzir. Posicionando-se contrariamente à teoria mecânica da tradução científica, Rónai afirma que "o papel do tradutor [...] perde o que tinha de mecânico e se transforma numa atividade seletiva e reflexiva" (RÓNAI, 2012, p. 18).

Para o ofício da tradução, alguns requisitos são destacados por Rónai: conhecimento ótimo do próprio idioma, posse pelo menos razoável do idioma-fonte; boa dose de bom-senso, cultura geral, uma curiosidade inteligente e uma desconfiança sempre alerta. Ele mesmo aponta que, caso faltem esses requisitos, facilmente os tradutores poderão pensar que *Union Jack* se refere a uma pessoa e não à bandeira do Reino Unido ou poderão pensar que Genève, para os franceses, é Gênova e não Genebra. Segundo Rónai, o que se deve desaconselhar, especialmente é a tradução feita diretamente sobre o texto sem uma leitura prévia: "ilude-se o tradutor que julga ganhar tempo renunciando a essa leitura".

Mas, esses requisitos tornam-se ainda mais valiosos quando adentramos às questões mais abrangentes da tradução, como casos de indecisão do sentido das palavras, ambiguidade, polissemia, trocadilhos, falsos cognatos, homônimos, metáforas, sinônimos e outras armadilhas que se apresentam no caminho desse ofício, muitas vezes, como bem-humoradamente coloca Rónai, humilhando os pobres tradutores.

No que se refere à ambiguidade como uma das armadilhas para quem traduz, por exemplo, Rónai destaca a palavra "ponto" (2012, p. 6), por exemplo, que pode assumir sentido de parte de uma matéria ensinada, ou um sinal de pontuação, ou de parada de ônibus, ou de livro de presença, dois furos de uma agulha ao coser, ou outras 44 acepções principais. Quanto aos falsos cognatos, o autor destaca o perigo de se confundir, do francês, *éleveur*, (criador de animais), por elevador; *actually* por "atualmente"; *luxury* por "luxúria"; *physician* por "físico", polvo, em espanhol, por "polvo"; rato pelo homônimo "rato", em vez de "momento"; zurdo por "surdo" em vez de "canhoto", e outros tantos exemplos.

Segundo Rónai (2012), o caso dos homônimos também merece atenção especial de quem trabalha com tradução, uma vez que é possível confundir, por exemplo, ação (boa ou má) e ação (vendida na bolsa); bolsa (de couro) e bolsa (de valores); redação (de jornal) e redação (feita na aula); representação (teatral) e representação (do Brasil em Londres) etc.

E o que dizer do uso dos sinônimos? Esse parece ser um recurso simples, à mão e inofensivo, mas Rónai impele o tradutor à reflexão. Haverá palavras de sentido idêntico ou quase idêntico? De fato, os sinônimos não passam de outro tipo de emboscada para quem traduz. Por não haver sinônimos perfeitos, o peso semântico das palavras deve ser muito bem considerado. "Pai e papai são sinônimos, mas não se diz Fulano de tal, papai de três filhos" (2012, p. 45). Quando usar a palavra "cachorro" ou "cão"? "Morrer", "falecer", "entregar a alma ao Criador" e "esticar a canela" podem parecer sinônimos, mas o contexto delimita muito bem o uso mais adequado de cada verbete ou expressão. Motivo de armadilha para os tradutores também é o caso de palavras semelhantes, mas com sentidos diferentes, como é no caso de "descrição" e "discrição", "infligir" e "infringir", "usurário" e "usuário", dentre outras.

A prática tradutória de Rónai deu a ele a certeza de que as classes gramaticais devem ser alvo de reflexão e respeitadas, inclusive aquelas destituídas de significação, mas com significado conotativo muito forte, como é o caso dos substantivos próprios. João da Silva, por exemplo, é um nome com significado forte para o nosso país, representante daquele homem comum brasileiro, mas que, se mantido numa tradução estrangeira, não despertaria a mesma relação. A obra "São Bernardo", por exemplo, de Graciliano Ramos, ao ser traduzida para o alemão, permaneceu com o mesmo nome, embora nada signifique nessa língua, remetendo, se muito, a um desfiladeiro situado entre a Suíça e a Itália.

Entretanto, a teoria tradutória de Rónai nos convida a ir além em nossas reflexões adentrando na área de tradução de uma cosmovisão de mundo. Para Rónai, só existem línguas diferentes porque existem diferentes visões de mundo. E como seria possível a tradução nesses casos? De fato, "não há duas línguas que exprimam uma mensagem de certa complexidade de modo completamente igual" (RÓNAI, 2012, p. 78).

Como traduzir "branco como a neve" se muitos povos ignoram a neve, e ela não tem importância e significado algum para eles? "Na mesma ordem de ideias, as noções suscitadas pela palavra inverno na mente de um carioca em nada se assemelharão às que provoca seu perfeito equivalente russo" (p. 49). Dentro dessa linha de raciocínio, vale destacar o tópico tratado por Rónai relativo ao uso dos adjetivos pátrios em que "não só norte-americano suscita reações diferentes entre ingleses e mexicanos; os adjetivos carioca, gaúcho, mineiro, capixaba, unicamente denotativos para um europeu, enchem-se de forte valor conotativo para qualquer brasileiro" (p. 55) Mas abrindo mais o leque, não podemos deixar de considerar ainda que para Rónai: "na prática, porém, a tradução se apresenta como uma operação de muitas faces, que envolve aspectos comerciais, técnicos, psicológicos, etc. (RÓNAI, 2012, p. 89).

Dessa forma, vê-se que, mais do que preocupado com palavras, os profissionais de tradução considerados "bons" voltam-se muito mais para o sentido das ideias que à letra. "Noutros termos: o bom tradutor, depois de se inteirar do conteúdo de um enunciado, tenta esquecer as palavras em que ele está expresso, para depois procurar, na sua língua, as palavras exatas em que semelhante ideia seria naturalmente vazada" (idem, p. 58).

Em sua teoria tradutória, Rónai adianta o motivo de grandes frustrações para quem traduz: a tarefa de traduzir trocadilhos, que pode se tornar obstáculo quase insuperável para a tradução e para quem a pratica. Alguns recorrem a simplificações, camuflagens, explicações entre parênteses, notas de rodapé, mas qualquer recurso auxiliar que se possa buscar, apenas enfraquece a proposta, restando a quem traduz, quando muito, recorrer a jogos de palavras.

Fundindo teoria e prática, Rónai destaca que lições de profissionalismo e ética assumem lugar imperativo nessa ocupação de tradutor/a. "Qualquer leigo, se interrogado, deve responder-nos que o primeiro dever da tradução é ser fiel ao original" (RÓNAI, 2012, p. 124). Mas, para ser de fato, fiel, o/a tradutor/a deve conciliar, o máximo possível, o significado da mensagem aos usos, hábitos e regras da língua alvo. Dessa forma, "a fidelidade seria uma obrigação dupla: para com o conteúdo da mensagem e para com a praxe expressiva da língua-alvo" (idem, p. 126).

Na vida de Paulo Rónai, a junção da teoria à sua prática pode ser explicitada no episódio em que o autor descreve na obra *A Tradução Vivida* os momentos em que ele era confrontado por Aurélio Buarque de Holanda; eles se sentavam juntos, e Aurélio Buarque de Holanda revia e corrigia suas traduções, palavra por palavra, sem pressa e, lembra Rónai que o lexicógrafo o interrogava, se tinha dúvidas e que, para sua sorte e edificação, explicava as razões de suas modificações corretas (RONAI, 2012, p. 170). Ora, esses questionamentos, essas interrogações e modificações não passavam de momentos riquíssimos de confrontação teórica, ao analisar a prática tradutória de Rónai.

Como se vê, a proposta teórico-tradutória de Paulo Rónai é fruto de muita prática, de muito trabalho. Curiosamente, Spiry, (2009, p. 45) faz menção a uma famosa história na família Rónai: "Diz que a jovem esposa [Nora Tausz Rónai, em entrevista pessoal], logo no início de uma vida em comum que duraria mais de 41 anos, fez um acordo com o marido de que "pelo menos na hora das refeições, mais precisamente até a hora do cafezinho, o Paulo teria que deixar o trabalho de lado". Das compensações desse exaustivo trabalho, ou dessa arte, como ele gostava de chamar a prática da tradução, Rónai destaca que a tradução lhe deu algumas de suas "alegrias mais puras e grande enriquecimento íntimo.

Devo-lhe muitos amigos e parte considerável do que sei do mundo. Foi ela que em parte me permitiu superar o transe doloroso do desarraigamento e me ajudou a integrar-me na minha nova pátria" (RÓNAI, 2012, p. 129).

Considerações finais

Dos 85 anos de vida, Paulo Rónai passou 52 anos no Brasil. Durante esse período, Rónai publicou, em português: 5 dicionários; 15 livros didáticos; 15 traduções de livros; 17 antologias de contos; 18 livros; 240 resenhas e 321 artigos próprios. Esqueda (1999) aponta que a prática tradutória de Paulo Rónai, bem como suas reflexões teóricas sobre o ato tradutório foram determinantes para fundamentar as raízes desta profissão no Brasil e também na tentativa de regulamentação da profissão em 1977. Como vimos, sua produção intensa ao longo de vários anos o levou a teorizar sobre os requisitos considerados por ele como imprescindíveis aos amantes dessa arte. Ao analisarmos brevemente as teorias tradutórias de Rónai, à luz da sua prática de tradução, sob as orientações da obra *A Tradução Vivida,* confirma-se mais uma vez que sua obra é um repertório de requisitos básicos necessários a quem deseja ser profissional de excelência na área de tradução. Através de exemplos práticos, Rónai instiga os leitores à reflexão significativa sobre os pressupostos teóricos presentes em toda prática no contexto de formação de tradutores.

Assim, ao nos colocarmos pela leitura e pesquisa diante da proposta teórico-prática desse húngaro-brasileiro, vemos o grande valor de suas proposições aos cursos de formação de tradutores, bem como aos profissionais das letras em sua prática da profissão. A pertinência e relevância do legado de Paulo Rónai à tradução brasileira permanecem vivas e atuais para a formação de qualquer amante do ofício de traduzir e que seja artista das palavras no maravilhoso mundo da arte de traduzir.

Referências

ARROJO, Rosemary. As Relações Ambivalentes entre Tradutores e Teorias da Tradução. **Ao Pé da Letra** – Caderno de Tradução do Sindicato Nacional dos Tradutores, Rio de Janeiro, ano 1, n. 2, p. 8-9, jul. 1993.

ASCHER, Nelson. Paulo Rónai. **TradTerm** – Revista do Centro Interdepartamental de Tradução e Terminologia da USP, São Paulo, v. 1, n. 1, p. 19-20, 1994.

MOUNIN, Georges. **Os Problemas Teóricos da Tradução**. São Paulo, Cultrix, 1975.

RÓNAI, Paulo; FERREIRA, Aurélio Buarque de Holanda. **Mar de histórias**: antologia do conto mundial. 4 ed. Rio de Janeiro: Nova Fronteira, 1999, v. 1. Das Origens ao fim da Idade Média.

RÓNAI, Paulo. **A Tradução Vivida**. 4ª ed. Rio de Janeiro: José Olympio, 2012.

RÓNAI, Paulo. **Escola de Tradutores**. São Paulo: EDUSC, 1987.

ESQUEDA, Marileide D. **Rónai Pál**: conflitos entre a profissionalização do tradutor e a teoria e prática da tradução. Campinas, 1999. 103f. Dissertação (Mestrado em Linguística Aplicada). Instituto de Estudos da Linguagem - IEL, Universidade Estadual de Campinas – UNICAMP, Campinas, 1999.

ESQUEDA, Marileide D. **O tradutor Paulo Rónai**: o desejo da tradução e do traduzir. Campinas, 2004. 213f. Tese (Doutorado) – Instituto de Estudos da Linguagem - IEL, Universidade Estadual de Campinas – UNICAMP, Campinas, 2004.

SPIRY, Z. Paulo Rónai. **Um brasileiro *made in Hungary***. São Paulo, 2009. 202f. Dissertação (Mestrado em Estudos Linguísticos e Literários em Inglês) – Universidade de São Paulo, São Paulo, 2009.

6 ANTOINE BERMAN: OLHANDO A TEORIA, VISANDO À PRÁTICA[32]

Mariana Ormenese Dias[33]

Introdução

Neste texto, visamos examinar e contrastar as concepções de teoria e prática de tradução do teórico francês Antoine Berman (1942-1991), expostas num recorte de duas de suas obras: "A tradução e a letra ou o albergue do longínquo", lançada em 1985, e "A prova do estrangeiro", lançada em 1984, com o cenário atual da tradução. Na obra de 1985, Berman apresenta conceitos como tradução etnocêntrica e tradução hipertextual, discute a analítica da tradução e a sistemática da deformação e toca no conceito de ética da tradução. Já em sua obra lançada no ano anterior, a proposta de Berman era recuperar a história da tradução no contexto germânico e proporcionar uma compreensão mais abrangente do estágio de desenvolvimento atual da tradução, marcando sempre as suas posições sobre essa prática. Portanto, além de apresentar algumas nuances, caracterizar e examinar a contribuição bermaniana no que tange à tradução em aspectos teóricos e práticos, incluindo sua aplicabilidade nos dias atuais, propomos uma avaliação da perspectiva do autor, do alcance de suas propostas e dos pressupostos que norteiam a prática tradutória 30 anos após a publicação das obras analisadas. Para tal, nos propomos a trazer à tona os conflitos presentes no projeto do autor, decorrentes de seus pressupostos teóricos, e problematizar tais aspectos tomando como base um exemplo de prática tradutória atual.

---

[32] Este texto é resultado da minha participação no Grupo de estudo e pesquisa **GETI** (Grupo de estudo do Curso de Letras e Tradutor e Intérprete do UNASP – campus Engenheiro Coelho/SP).
[33] É licenciada e bacharel em Letras: Português-Inglês pela Pontifícia Universidade Católica de Campinas (PUC-Campinas), pós-graduada em Tradução pela Universidade Gama Filho (UGF) e mestre pelo Programa de Pós-Graduação em Linguística Aplicada da Universidade Estadual de Campinas (IEL-UNICAMP). Atualmente, é tradutora e revisora profissional e professora na graduação em Letras da PUC Campinas.

O tradutor e teórico francês Antoine Berman (1942-1991) tornou-se um importante expoente das reflexões na área dos Estudos da Tradução graças à sua proposta de trabalho visando aspectos de ética e poética, ajudando a tornar o referido estudo um espaço de crítica às tradicionais abordagens teóricas etnocêntricas da tradução; criando, assim, um espaço que possibilita refletir a relação com o Outro e com tudo aquilo que essa relação envolve e que se reflete no texto traduzido.

Berman foi tradutor profissional e traduziu a obra de Schleiermacher "Sobre os Diferentes Métodos da Tradução" (Über die verschiedenen Methoden des Ubersetzens) para o francês[34]. Além disso, também foi um filósofo da tradução, cuja principal relevância vem do fato de ele ter elevado as reflexões sobre a tradução a um nível filosófico. Berman afirmou que a tradução nunca deveria ser estudada de forma isolada, mas que deveria ser entendida em seus aspectos complexos, múltiplos e interdisciplinares através da filosofia e de muitos outros campos.

Antoine Berman publicou as duas obras aqui referenciadas na década de oitenta, em um contexto onde era intenso o processo de institucionalização dos Estudos da Tradução. Embasado pelas, então, teorias tradicionais, Berman parece ter compreendido a necessidade de a tradução encontrar o seu próprio espaço e falar de si mesma. Embora o pensamento moderno ainda esteja muito atrelado aos problemas de tradução e ao que o próprio Berman chamaria de espaço da tradução, a prática tradutória ainda é bastante questionada a partir de outras áreas, de outros pontos de vista teóricos e não somente a partir do fazer tradutório em si. Considerando essa questão, em seu ensaio "A Tradução em Manifesto", o teórico afirma:

> a reflexão sobre a tradução tornou-se uma necessidade
> interna da própria tradução, como o havia sido parcialmente

---

[34] Schleiermacher, F. *Des différentes méthodes du traduire et autre texte*, trans. by Berman, Editions du Seuil, 1999.

> na Alemanha clássica e romântica. Essa reflexão não apresenta forçosamente a feição de uma "teoria" [...] Mas, em todos os casos, ela indica a vontade de definir-se e situar-se por si mesma e, por conseguinte, ser comunicada, partilhada e ensinada (BERMAN, 2002, p. 12).

Embasando essa reflexão, como primeira tarefa de uma teoria moderna da tradução, Berman elege a elaboração de uma história da tradução feita a partir de uma abordagem ampla e aprofundada da história já estabelecida desses estudos; nas palavras de Berman:

> A constituição de uma história da tradução é a primeira tarefa de uma teoria moderna da tradução. Toda modernidade institui não um olhar passadista, mas um movimento de retrospecção que é uma compreensão de si. [...] Assim, as grandes re-traduções do século 20 [...] são necessariamente acompanhadas por uma reflexão sobre as traduções anteriores. Essa reflexão deve ser estendida e aprofundada (BERMAN, 2002, p. 11).

Portanto, Berman se baseia em reflexões sobre a tradução, desenvolvidas na Alemanha, remetendo ao conceito alemão de *Bildung* (formação), o que nos leva a crer que a tradução, para o autor, não se resume a questões meramente técnicas, mas está relacionada à formação cultural de um povo, ou seja, considerando que, a partir do contato com o Estrangeiro, possibilitado pela existência da tradução, novos valores são agregados à cultura de chegada. Reflexões dessa natureza aproximam as ideias bermanianas sobre tradução daquelas discutidas por Friedrich Schleiermacher, autor alemão que serviu de inspiração para Berman.

Berman não tinha como principal intuito elaborar uma nova teoria de tradução, principalmente se considerarmos que o autor não acredita na possibilidade de existência de uma regra geral e única, que abarque todas as nuances da tradução, já que para ele "o espaço da tradução é babélico, isto é, recusa qualquer totalização" (ibid., p. 21). Sua contribuição foi, então, a reflexão sobre o fazer tradutório, sobre o que estava sendo realizado em sua época de estudos e a tentativa de promover um novo olhar sobre esse fazer tradutório contemporâneo.

Em "A tradução e a letra ou o albergue do longínquo", Berman explica sua posição: "Não se trata aqui de teoria de nenhuma espécie. Mas sim de reflexão [...]. A relação entre a experiência e a reflexão não é aquela da prática e da teoria. A tradução é uma experiência que pode se abrir e se (re)encontrar na reflexão" (BERMAN, 2007, p. 18).

Tendo em vista tanto as práticas reflexivas quanto as tradutórias, o autor propõe sua reflexão em três pontos principais: história da tradução, ética da tradução e analítica da tradução. Para tanto, Berman propõe ainda a elaboração de uma história da tradução feita a partir de uma abordagem ampla e aprofundada das reflexões iniciadas em "A prova do estrangeiro", onde discute principalmente a tradição do pensamento romântico alemão sobre tradução, buscando olhar o passado para repensar o presente, promovendo dessa maneira "um movimento de retrospecção que é uma compreensão de si" (BERMAN, 2002, p.12).

Nesse ponto, vale notar a atualidade da obra, principalmente com relação às questões éticas, pois elas têm sido de fundamental importância para a tradução, especialmente em tempos de disseminação massiva de materiais pela internet, rapidez e automatização dos processos tradutórios, realidade enfrentada diariamente pelos tradutores que atuam no século XXI. Portanto, pensar por si mesmo também pode ser uma maneira de estender o horizonte da tradução, tanto prático quanto teórico/reflexivo e valorizar ainda mais a prática e seus agentes.

Berman afirma que "as grandes re-traduções do século 20 são necessariamente acompanhadas por uma reflexão sobre as traduções anteriores" (BERMAN, 2002, p.11) e diz ainda que "é impossível separar essa história [da reflexão sobre tradução e sobre as traduções] daquela das línguas, das culturas e das literaturas" (BERMAN, 2002, p. 13). Sendo assim, percebemos a importância da reflexão sobre o ato de traduzir, sobre o que traduzimos e para quem traduzimos. Afinal, qual é o verdadeiro papel de um tradutor profissional senão tornar acessível a um maior número de pessoas o conhecimento que lhes seria privado pelo desconhecimento de um idioma? Nas palavras de Mauricio Cardozo:

> ao realizar um movimento de releitura da tradição do pensar e do fazer tradutório no romantismo alemão, Berman reforça o traço de uma dimensão histórico-cultural da tradução – que se desdobrará ainda nos outros dois eixos ético e analítico (CARDOZO, 2004, p. 64).

Sendo assim, podemos refletir sobre a analítica da tradução como sendo um dos fatores responsáveis por fazer transparecer o chamado "sistema de deformação", que Berman considera como inerente à tarefa do tradutor literário. Esse sistema seria, então, o responsável por deformar a *letra* – em sentido mais amplo, referente à língua – quando o fazer tradutório valoriza uma tradução que tornaria o texto mais "belo" que o "original", ou seja, mais acessível ao leitor da tradução, de leitura mais fácil em geral, uma tradução que se apropria, segundo Berman, do que é Estrangeiro no texto de partida, algo mais "domesticado". Desde então, muitos trabalhos na área dos Estudos da Tradução têm girado em torno de uma nova oposição: entre uma tradução "etnocêntrica" e uma tradução da "letra", segundo a reflexão de Antoine Berman, ou, nos termos propostos por Lawrence Venuti[35], entre "domesticação" e "estrangeirização".

Berman afirma ainda que as traduções literárias tradicionais e dominantes representam um ato culturalmente etnocêntrico, isto é, "que traz tudo à sua própria cultura, às suas normas e valores, e considera o que se encontra fora dela — o Estrangeiro — como negativo ou, no máximo, bom para ser anexado, adaptado, para aumentar a riqueza desta cultura" (BERMAN, 2007, p. 28). Para ele, esse tipo de tradução busca "fazer com que a esqueçam", fazer com que "não se 'sinta' a tradução", evitando "chocar com 'estranhamentos' lexicais e

---

[35] Conceitos presentes em sua obra "A invisibilidade do tradutor".

sintáticos", "oferecer um texto que o autor estrangeiro teria escrito se tivesse escrito na língua da tradução" (BERMAN, 2007, p. 33).

Em oposição à tradução etnocêntrica, o autor propõe a prática de uma tradução ética, cujo objetivo seria "reconhecer e receber o Outro enquanto Outro" (BERMAN, 2007, p. 68), não escondendo o elemento estrangeiro da obra traduzida. Para tal, Berman defende uma tradução que seja fiel à "letra" (*lettre*) do original, o que para ele representa a "essência última e definitiva da tradução" (BERMAN, 2007, p. 25). Assim, para o autor, não seria possível falar em fidelidade ao sentido da obra.

> O objetivo ético do traduzir, por se propor acolher o Estrangeiro na sua corporeidade carnal, só pode estar ligado à letra da obra. [...] Ser 'fiel' a um contrato significa respeitar suas cláusulas, não o "espírito" do contrato. Ser fiel ao "espírito" de um texto é uma contradição em si (BERMAN, 2007, p. 70).

A tradução da "letra" em projetos reais e atuais

Após uma breve visão geral sobre as contribuições de Berman para as modernas reflexões sobre tradução apresentada na parte introdutória do presente capítulo, propomos um paralelo prático entre alguns dos conceitos e considerações tecidos pelo autor e um exemplo de tradução atual, produzida em contexto comercial, seguindo demandas de trabalho exigentes e atendendo a um público bastante crítico e ávido por materiais de excelente qualidade e produzidos de forma rápida.

Para tal, citaremos uma publicação na qual trabalhamos em 2017 e, cujo maior desafio era o prazo curto para a finalização do projeto, a complexidade e a especificidade do conteúdo, a ética em relação ao trabalho e a pesquisa de outrem (os autores/pesquisadores brasileiros) e a exigência de qualidade vinda de um público especializado e estrangeiro em relação ao conteúdo da obra.

A publicação "Jalapão", obra produzida em parceria entre um biólogo e um fotógrafo brasileiros e lançada em edição bilíngue em 2017, foi produzida com base em extensa pesquisa realizada por uma equipe de profissionais estudiosos da fauna e da flora da região central do Brasil, estudando o Cerrado, suas principais características geográficas e de seu bioma predominante e as populações que vivem e tiram seu sustento na região, tendo o Parque Estadual do Jalapão como plano de fundo. A principal intenção da publicação, conforme sua nota introdutória é

> que este livro sirva como uma fonte de informação e apresente contribuições para a melhoria da consciência e conhecimento em todos os processos de tomada de decisão, abrindo o caminho para o desenvolvimento sustentável em nossa sociedade (SCALON e SIGRIST, 2017, p. 18).

A publicação foi feita por uma editora de pequeno porte especializada em trabalhos na área de biologia e materiais com grande foco em texto e imagens. A referida editora também conta com boa parte de seus livros publicados em formato bilíngue, visando um público mais amplo, não se restringindo somente à circulação em território brasileiro.

Diante de um projeto bastante especializado escrito em língua portuguesa e voltado para um público geral, porém também para estudiosos da área, o principal desafio tradutório que exemplificará a presente discussão foi fazer a versão em inglês do texto, mantendo todo seu aspecto técnico, tendo especial cuidado para passar, para outro idioma e para um público que não possui tantas referências visuais, informações sobre o Cerrado brasileiro e seus muitos aspectos, inclusive culturais, envolvendo os povos que vivem na região.

Cito Berman para fomentar a discussão sobre a versatilidade do texto em questão trabalhado na publicação "Jalapão",

> Um texto técnico (se for possível falar aqui de texto) é certamente uma mensagem visando a transmitir de forma

> (relativamente) unívoca certa quantidade de informações; mas uma obra não transmite nenhum tipo de informação, mesmo contendo algumas, ela abre à experiência de um mundo (BERMAN, 2007, p. 64).

Primeiramente, para dar a noção exata do trabalho realizado pelos pesquisadores brasileiros, foi preciso explicitar os elementos estrangeiros da obra traduzida, pois termos como "cerradão" ou "Buritirana" não poderiam ser alterados ou adaptados, uma vez que são termos usados para classificar um bioma que ocorre somente no Brasil, no caso do termo "cerradão", ou para denominar uma planta exclusivamente brasileira, a "Buritirana", e que, portanto, não possuem qualquer equivalência em inglês. Em situações como essa, há que se valorizar a "letra" do original, mantendo suas informações relevantes e trazendo o leitor para o contexto brasileiro de produção da obra.

Embora palavras como "varjão", "murundus" e "monchões", mantidas em português, possam dar ao leitor a sensação de um texto extremamente estrangeirizado, com diversos termos desconhecidos e mantidos no original (tendo ou não uma explicação orientadora para a leitura, dependendo do contexto em que aparecem), a valorização da "letra" e toda a carga simbólica que ela traz, conforme Berman defende, se torna possível por meio do uso das aspas, pois elas indicam o uso intencional de um termo estrangeiro, alertando o leitor que há ali referências de um texto escrito por outrem, que não só foi traduzido, mas que faz referências específicas de um país/uma região que são estrangeiros ao leitor.

A leitura, nessas condições, não apresenta um texto necessariamente mais "belo" que o "original", ou seja, mais acessível ao leitor da tradução, mas sim mais fiel ao seu contexto de produção, mostrando ao seu leitor em língua inglesa que se trata de um texto escrito em contexto bastante distinto, logo que exige um olhar sem preconceitos a um extenso trabalho de pesquisa que se tornara mundialmente acessível por meio da tradução.

Nesse ponto, o processo de tradução de "Jalapão" apresentou um dilema, pensando que "o tradutor que traduz para o público é levado a trair o original, preferindo seu público, a quem também trai, já que apresenta uma obra 'arrumada'" (BERMAN, 2007, p. 65). Essa noção de fidelidade ou não ao texto original, ainda bastante presente na obra de Berman, pode ser usada como motivadora para as reflexões, mas não mais como central na discussão de trabalhos como a tradução de "Jalapão", considerando que o texto fora traduzido considerando as sabidas diferenças entre os referenciais sobre o cerrado (ou Brazilian savannah, conforme uma tentativa de esclarecimento do termo aos leitores em língua inglesa) entre aqueles que leem o texto em português e conhecem minimamente a região central do Brasil e aqueles que leem em inglês e nunca estiveram na região do Parque Estadual do Jalapão.

Logo, embora Berman tenha sempre discutido e refletido sobre a tradução literária, aqui propomos uma reflexão que permeia o técnico, mas que também traz, em alguns momentos, o literário, refletindo os muitos desafios da tradução moderna, onde um mesmo texto pode ser colocado dentro de mais de uma categoria textual.

A publicação do livro "Jalapão" se mostra campo fértil para análise também por apresentar em meio às discussões técnicas propostas, depoimentos de moradores e passagens espontâneas, como os depoimentos dados sobre Dona Miúda[36], sobre os quais nos debruçaremos mais adiante.

A tarefa de traduzir textos que mesclam estilos se torna desafiante pelas necessidades de extensa pesquisa, cuidados com a linguagem, o registro adequado ao referido gênero textual, e o cuidado de considerar que obras como "Jalapão" mesclam linguagem técnica e narrativas mais fluídas, aqui exemplificadas nas descrições feitas ao longo do livro e nas falas das personagens que o compõe. Estas personagens são pessoas reais citadas e que têm voz no texto, sendo que essa voz precisa ser mantida para que a obra consiga atingir seus objetivos

---

[36] Matriarca da comunidade do Mumbuca no município de Mateiros, região do Jalapão no estado do Tocantins, e reconhecida como a grande fomentadora e divulgadora da arte do Capim Dourado na região (Jalapão, p. 32).

informativos técnicos e de manutenção e valorização da cultura local. Para um leitor não brasileiro, a tradução precisa expressar e fazer com que essa pessoa consiga adentrar o contexto da região centro-oeste brasileira, especificamente o Parque Estadual do Jalapão e suas especificidades.

Uma obra como "Jalapão" tem como principal objetivo fazer com que leitores brasileiros (em geral lendo no original em português) e também leitores estrangeiros, das mais diversas nacionalidades, que farão a leitura em inglês, sintam de fato como é a vida dos moradores da região do Parque, qual a importância de se manter vivas as tradições da região, além da importância da preservação do bioma Cerrado, que é único no mundo. Tamanha singularidade da região em questão faz com que as referências da tradução precisem ser bastante claras e cuidadosas e, por vezes, bastante "estrangeiras" para quem lê, para que todos os leitores possam apreender bem as informações que estão sendo disponibilizadas, porém evitando comparações com outros referenciais já mundialmente conhecidos, como as savanas africanas, por exemplo.

Por se tratar de uma publicação que conta com textos e imagens, o cuidado durante a tradução deve ser redobrado, considerando que haverá referências visuais para auxiliar a leitura e o entendimento do leitor.

Outro aspecto importante de obras técnicas bilíngues é a questão da leitura tendo os dois idiomas separados em duas colunas, ou um embaixo do outro, sempre aparecendo juntos na mesma página. Esse formato ressignifica a interpretação, já que coloca os idiomas lado a lado e permite que o leitor em língua inglesa veja os termos usados na coluna do português e leia enquanto observa as figuras, diferentemente da leitura feita quando o texto em inglês aparece somente como um anexo ao final do livro.

"O ato ético consiste em reconhecer e em receber o Outro enquanto Outro" (BERMAN, 2007, p. 68); mantendo e transparecendo a simplicidade das falas dos moradores, expressa em seus depoimentos dados aos pesquisadores/autores da obra, reconhecemos que as singularidades individuais são significativas para a comunicação e para os leitores. Em alguns trechos do livro, as fotos falam por si, deixando com que a tradução seja apenas orientadora para que o leitor possa fazer sua própria interpretação, não tentando passar para o inglês algo que não lhe é característico, além de explicitar algumas informações que podem não ser claras aos leitores de língua inglesa, como no exemplo abaixo:

> It is said that Dona Laurina, Dona Guilhermina's mother, would have taught the sewing of the Golden grass to her daughter and her younger sister, Agda. In her stories, Dona Miúda used to say her mother began to sew the Golden grass at the age of 14, but this knowledge was restricted to her family and only women worked on that, producing household items for internal use and selling their pieces now and then, only when they visited cities nearby, such as Formas **(state of Bahia)**, Corrente **(Piauí)**, Ponte Alta and Porto Nacional **(Tocantins)** (Depoimento dado por Ilana Ribeiro Cardoso, Jalapão, 2017, p. 32, **grifo nosso**).

No trecho em questão, foi necessário incluir informações na tradução para o inglês para que os leitores pudessem compreender com clareza o depoimento. As referências geográficas dadas entre parênteses, por exemplo, visavam mostrar ao leitor estrangeiro o alcance regional do trabalho com o Capim Dourado, a versão em português não especificava os estados aos quais cada cidade citada pertence.

Outro desafio tradutório latente na obra em questão foram os termos específicos do bioma da região, onde não é possível fazer um paralelo com nada existente em países de língua inglesa. Em situações assim, a opção foi manter o termo estrangeiro ao leitor da tradução, porém buscando deixar a tradução mais amigável, usando referências e explicações entre parênteses. Um exemplo dessa estratégia foi o tratamento dado à palavra "Fervedouro".

> Another feature found in this lower level of the Patamares do Tocantins refers to the fluvial resurgencies, common in the region.
>
> 'Fervedouro' is the regional name for the most famous of these formations, which became a tourist attraction because of the large volume of water mixed with sand that sprouts from unknown depths with great hydrostatic pressure.

> Due to the pressure and density of the mixture of water and sand, nothing sinks in the place, it seems to be boiling. Hence the name, Fervedouro **(something that boils)** (SCALON e SIGRIST, 2017, p. 183, **grifo nosso**).

Como os "Fervedouros" são algo muito característicos da região do Jalapão, a opção tradutória foi manter o nome em português, mas deixar uma pista entre parênteses em inglês, para que o leitor possa interpretar o nome dado a esse fenômeno natural, procurando manter um efeito de compreensão semelhante ao que o leitor brasileiro tem ao ouvir o termo "fervedouro", ou seja, algo em ebulição.

Considerações finais

Após essa breve exemplificação de alguns dos desafios impostos pela opção do tradutor em estrangeirizar ou domesticar o texto a ser traduzido, gostaríamos de finalizar propondo uma reflexão sobre a atuação do tradutor diante dos mais variados contextos de tradução onde ele/ela pode atuar.

Visando sempre à reflexão sobre o público-alvo da tradução, o tradutor precisa considerar se ele/ela, de fato, precisará de recursos explicativos ou adaptações (domesticação) ou se a obra será mais bem recebida e interpretada se forem mantidos termos específicos em seu idioma de origem, marcando propositalmente as diferenças entre idiomas, culturas e nações, mostrando que as diferenças linguísticas e de referências sobre conhecimentos gerais apenas refletem o quão diversificado é o planeta em que vivemos e como é preciso explicitar essas diferenças para que os povos possam sentir que a diversidade é algo positivo e enriquecedor. Orientar o leitor quanto a referências geográficas ou da etimologia das palavras Bem outro idioma pode dar pistas que facilitem sua leitura, porém marca que há ali a representação de outro povo, outro bioma, outra cultura, que deve ser observado tal como ele é, valorizado em sua diferença, estudado e preservado por sua importância.

A tradução de obras com conteúdo específico brasileiro para o inglês, por exemplo, abre uma janela de oportunidades para que uma parcela bastante expressiva de cidadãos do mundo possa ter acesso àquilo que há neste país, suas riquezas materiais e imateriais, conhecimento que se torna fundamental para a preservação e perpetuação da cultura brasileira.

A tradução torna os locais e o conhecimento menos longínquos, torna os povos menos estrangeiros, gera receptividade das nossas obras no exterior e abre portas para que mais pessoas conheçam a importância do Brasil, de sua cultura e de sua gente.

Referências

BERMAN, Antoine. **A prova do estrangeiro**: cultura e tradução na Alemanha romântica: Herder, Goethe, Sclilegel, Novalis, Humboldt, Schleiermacher. Tradução de Maria Emília Pereira Chanut. Bauru, SP: EDUSC, 2002.

BERMAN, Antoine. **A tradução e a letra, ou, O albergue do longínquo.** Tradução de Marie-Hélène Catherine Torres, Mauri Furlan e Andréia Guerini. Rio de Janeiro: 7Letras/PGET, 2007.

CARDOZO, Mauricio M. **Solidão e Encontro**: prática e espaço da crítica de tradução literária. Tese (doutorado em Letras). Departamento de Letras Modernas da Faculdade de Filosofia, Letras e Ciências Humanas da Universidade de São Paulo, 2004.

SCALON, Lester e SIGRIST, Tomas. Jalapão. Tradução de Mariana Ormenese Dias. Vinhedo, SP: Avis Brasilis Editora, 2017.

VENUTI, Lawrence. A invisibilidade do tradutor. **Revista Palavra 3.** Tradução de Carolina Alfaro, Rio de Janeiro, 1995. Tradução de The translator invisibility. **Criticism,** V XXXVIII, n. 2, Spring, Wayne state UP, 1986.

7 ANTHONY PYM: ENTRE A PRÁTICA DE SALA DE AULA E A CONSTRUÇÃO TEÓRICA DA TRADUÇÃO[37]

Yanka de Araújo Pessôa[38]

Conhecido pela abrangência de seus estudos e pesquisas sobre tradução, a partir de contextos sociais, linguísticos e culturais diferentes, o australiano Anthony Pym, além de pesquisador, atua intensamente como professor em estudos internacionais e interculturais e da tradução, dando cursos e interagindo com diferentes universidades para levar a cabo suas pesquisas e pôr em prática suas descobertas. Em uma de suas pesquisas, o autor põe em destaque os principais "paradigmas" das teorias da tradução ocidentais desde a década de 1960.

Principalmente quanto à consciência de que quem traduz está sempre diante da encruzilhada da escolha, da tomada de decisão, Pym (2016, p. 13) diz que ao traduzir, o/a tradutor/a constrói um "pequeno teatro interior onde atuam as ideias sobre o que é tradução e como deve ser feita", e acrescenta que os profissionais estão sempre teorizando, de modo que se torna um hábito. Todavia, para Pym, quando a teorização deixa de ser individual e se torna pública, ela passa a ser uma teoria, ou seja, quando aqueles/as que traduzem começam a compartilhar suas ideias e opinião sobre a tarefa tradutória com outros/as profissionais, ou até mesmo com clientes, o processo de teorização acha-se em andamento.

Em seu livro *"Teorias contemporâneas da tradução"*, ainda não traduzido em português brasileiro, mas já resenhado por Guerini (2018), a partir da versão de Portugal, o autor desconstrói antes de qualquer coisa o pressuposto de que a

---

[37] Texto resultante da participação no Grupo de estudo e pesquisa **GETI** (Grupo de estudo do Curso de Letras e Tradutor e Intérprete do UNASP – campus Engenheiro Coelho/SP).
[38] Estudante de graduação, licenciatura em Letras/Inglês e bacharelado em Tradutor e Intérprete no UNASP – campus Engenheiro Coelho/SP.

tradução seja levar um texto da língua de partida para o de chegada, porque cada texto "de partida" tem sua origem em outros, trazendo elementos de outros idiomas e culturas, ou seja, são intertextuais. A partir disso, Pym expande a ideia da tradução estar mais relacionada ao tempo do que ao espaço, pois, partindo do significado do termo "anuvad", da língua sânscrita, o qual quer dizer "repetir" ou "dizer depois", o autor defende que: "Segundo o termo, a diferença principal entre um texto e outro poderia não estar no espaço, mas no tempo". Nesse sentido e considerando-se a tradução, para o pesquisador, ela seria mais um processo de atualização do que o é de transformação de uma cultura para outra (PYM, 2016, p. 14).

Mesmo assim, as teorizações nem sempre se tornam públicas, enquanto paradigmas sistematizados. Pode ser que tradutores troquem informações e aceitem sugestões de outros sem grandes discussões. Um debate sobre a tradução de um termo pode surgir, por exemplo, quando determinado profissional escolhe um termo, e os demais, ao discordarem, tentam justificar sua escolha com argumentos concernentes à tradução, ao defenderem que as escolhas tradutórias devem representar a cultura de partida, mas ser compreensível para a cultura de chegada. E à medida que essas discussões tomam forma e passam a ser incorporadas por quem traduz, ganham nomes ou explicitações que resultarão no que Pym denominará como "paradigma". Esse é entendido pelo pesquisador como "um conjunto de princípios que subjazem a diferentes grupos de teorias" (p. 16). Há tradutores que teorizam e traduzem sob os pressupostos de um mesmo paradigma, chegando a conclusões semelhantes quanto à tradução de certo termo; por outro lado, se há um grupo de profissionais que teoriza de forma muito diferente, pode nunca chegar a um acordo quanto à tradução de determinado gênero textual. Para entendermos melhor esses paradigmas, vamos falar sobre a singularidade da língua, dos profissionais da tradução e do humanismo em Pym.

A língua é um meio de comunicação estruturado, composto por palavras com significados e sentidos singulares que, juntas, ao constituírem frases, ou por meio de imagens ou gestos, possibilitam a comunicação. No entanto, o significado de cada palavra envolve a história e o contexto de sua origem linguística, o lugar, a cultura e sociedade em que é falada, somados a outros fatores extralinguísticos. Além disso, cada pessoa tem sua concepção do que cada palavra/termo significa, e é por isso que algumas vezes ao dizermos algo, somos mal interpretados pela outra pessoa.

Com isso em mente, Pym defende que a tradução não é, e nem pode ser, uma atividade mecânica, pois para ter lugar depende de um ser humano com valores estabelecidos por seu meio social e cultural, cujas decisões estão diretamente ligadas a isso. Com base nessas informações, podemos compreender o humanismo na tradução defendida pelo autor. O humanismo considera os diferentes processos que envolvem circunstâncias, o que leva a práticas que não se enquadram em procedimentos metódicos.

A partir de suas pesquisas, Pym para comprovar o quanto as línguas são peculiares, impossibilitando a existência de uma palavra com sentido "exatamente" igual em duas línguas diferentes, traz o exemplo do vocábulo "pôr-do-sol" (ou "descer-do-sol", como expressado literalmente em outras línguas), que se refere ao movimento solar ao se retirar do céu. Todos sabemos que a Terra gira em torno do sol e que está em movimento, levando alguém a falar "pôr-do-sol" porque está descrevendo o objeto de acordo com sua posição, ou ponto de vista. Por isso, em cada lugar esse fenômeno será descrito de forma diferente, com termos linguísticos-culturais que envolvem aquele contexto. Com esse exemplo, Pym justifica o porquê de achar que as línguas não são confiáveis, pois entende que cada uma se desenvolveu e sofreu mudanças ao longo da história, o que torna a carga de significado de uma palavra, mais profunda do que, no geral, se tem conhecimento.

> O humanismo poderia ser algo assim, uma forma geral de proceder, de descobrir coisas sobre o mundo, de ver o que estava oculto por certa objetividade unilateral, em vez de uma fórmula de aplicação imediata e uniforme (PYM, 2009, p. 23 – n.t.).[39]

A teoria oposta ao humanismo é o estruturalismo, que segundo Pym (1993, p. 31 - n.t.)[40]: "significa que, em vez de olhar as coisas diretamente para descobrir seu significado, olhamos as relações entre os signos que usamos para dar sentido às coisas". Portanto, a partir desse ponto de vista poderíamos presumir que a tradução é uma atividade impossível, já que não há duas línguas que possuam palavras/termos que tenham "exatamente" o mesmo significado. Por outro lado, toda cultura já foi/é influenciada por outra(s). Sendo assim, é possível encontrar equivalentes mais ou menos adequados. Mas quando a pessoa que está traduzindo escolhe aquilo que, sob seu ponto de vista, é mais adequado, pode encontrar outras possibilidades, dando início ao que Pym chama, a partir de Pierce, de "semiose". Vamos entender um pouco sobre isso nos parágrafos a seguir.

Para compreendermos o trabalho do/a tradutor/a precisamos conhecer como funciona o ato de traduzir. Para Pym, a base da tradução é a utilização do processo de semiose, uma cadeia gerada a partir da infinidade de significados que uma palavra/termo pode ter. Se procurarmos alguma coisa no dicionário, além de encontrarmos seu significado, também acharemos sinônimos. E se pesquisarmos um deles, nos depararemos com mais e mais sinônimos, em um processo infinito. Entretanto, para Pym, (1993, p. 27 – n.t.)[41], "uma definição deve ser mais do que uma lista de sinônimos". A tentativa de buscar equivalentes "exatos" de uma palavra em outra língua, não é tradução para o teórico. Para se

---

[39] Humanization could be something like that—a general way of proceeding, of discovering things about the world, of seeing what was hidden by a certain one-sided objectivity, rather than a formula for immediate and uniform application.

[40] Means that instead of looking at things directly in order to discover their meaning, you look at the relations between the signs we use to give meaning to things.

[41] A definition must be more than a list of synonyms.

chegar a falar em "tradução mais adequada" de uma palavra, deve-se antes de tudo avaliar o contexto, o que não garante essa adequação.

O acadêmico traz o exemplo da palavra "sol" em várias línguas para exemplificar que nem sempre "sol" e "sun" referem-se a uma mesma coisa, já que o campo conotativo é ilimitado. Esse processo de semiose é chamado por ele, com base em Pierce, de "processo do crescimento dos símbolos" (1993, p. 37).

> Quando há apenas um modelo possível [...] e não pode haver outro termo na língua alvo, então não há necessidade de competência translacional. [...] Ela, para mim, somente interessa a situações nas quais não há dúvida, nas quais há alternativas, nas quais há a possibilidade de expressar um termo de mais de uma maneira (PYM, 1993, p. 28-29 – n.t.).[42]

Qualquer tecnologia de tradução pode traduzir um termo literalmente, sem ter o trabalho de estudar seu contexto e definir seu melhor equivalente. A dúvida que surge é o primeiro pretexto para utilizar as competências de tradução, segundo Pym. De acordo com o pesquisador, a melhor forma de procurar a definição de um termo é produzindo um novo significante para o significado, e assim por diante, até que se ache o mais adequado. Em um dicionário podemos encontrar significantes que vão nos levar a outros significados e, enquanto houver disposição para se procurar, haverá o que se encontrar, até que o dicionário termine. Pym (1993, p. 28) diz que a competência tradutória é a intersecção de duas habilidades: encontrar diferentes interpretações e optar por uma delas. Uma vez que o processo de semiose é iniciado, a maior dificuldade é interrompê-lo.

Até aqui, entendemos que Pym alega que não existe apenas um significado definitivo, como defende o estruturalismo, mas que sempre haverá mais significados que levarão a outros significantes e, assim, darão origem à semiose. Cada tradutor/a escolhe as palavras a partir de sua experiência advinda

---

[42] When there's no doubt, when there's only one possible model [...] and it can't be any other target term, then there's no need for translational competence. [...] Translational competence, for me, only really concerns situations in which there is no doubt, in which there are alternatives, in which there is the possibility of rendering a term in more than one way.

das suas traduções anteriores, pois todo texto, independentemente do contexto cultural de sua origem, sofreu e sofre influência de outras culturas. Por isso, o teórico destaca quem traduz como um ser intercultural. Não obstante, para o acadêmico, a sua função não é ser uma ponte entre as culturas A e B, mas familiarizar-se com a cultura A e transmiti-la à cultura B. Pym questiona o porquê de o/a tradutor/a sempre ser colocado em posição de submissão ao autor/a e seu texto original. Seria seu papel secundário? Se sim, onde fica a originalidade e autoria do texto traduzido? Pym declara (1993, p. 55)[43]:

> O objetivo do meu trabalho de tradução não é realmente ajudar a "cultura A" a entender a "cultura B". Isso ocorre porque, se um texto passa de uma cultura para outra, seu objetivo é alterar a cultura que recebe e alterar a percepção da cultura de envio. E vice-versa, se houver comunicação recíproca. A tradução não é um ato passivo. Não se trata apenas de ajudar as pessoas a se entenderem. A tradução é um engajamento ativo nos processos de troca e mudança (n.t.).

Pym acredita que o/a tradutor/a, por meio de seu trabalho, pode mudar as relações históricas entre as culturas. Se ambas tornarem-se únicas, não haverá necessidade de tradução e nem transmissão da mensagem de uma para a outra por meio da tradução. Traduzir envolve mudança, independentemente das diferenças linguísticas ou da censura.

Pym traz Quine e sua teoria de "tradução radical"; isto é, quando o/a tradutor/a não tem nenhuma influência de conhecimento cultural diferente daquela pertencente a cultura da qual faz parte. Segundo Pym, Quine reconhece que "a tradução normalmente acontece graças às relações interculturais ou ao fato

---

[43] The aim of my translation work isn't really to help "culture A" understand "culture B". This is because if a text goes from one culture to another, its purpose is to change the receiving culture and alter the perception of the sending culture. And vice versa, if there is reciprocal communication. Translation isn't a passive act. It's not just a question of helping people understand each other. Translation is an active engagement in processes of exchange and change.

de que a cultura estrangeira nunca é totalmente fechada, nem totalmente virgem" (1993, p. 58 – n.t.).[44]

Pym, em seu livro *Epistemological Problems and Its Teachings,* chama atenção para o fato de haver mais de uma forma de se dizer alguma coisa e apresenta os seguintes exemplos: *"the sun is going down"* e *"the Earth is spinning round"*. As duas frases significam a mesma coisa. A partir disso, vemos que traduções podem ser feitas de diversas formas e seu estado original não determina uma única opção de tradução. Se traduzirmos uma frase do inglês para o português e depois do português para o inglês, certamente ela estará diferente, pois há diversas maneiras de se dizer, ou traduzir, a mesma frase.

A existência de diferentes possibilidades de tradução que surgem com a dúvida é o que define o indeterminismo. Para Pym, esse modelo é semelhante ao da semiose, pois, apesar de Quine sugerir que a tradução seja uma atividade impossível, ele, na verdade, reafirma que a tradução é possível a partir de sua indeterminação. Quine chega a declarar, conforme Pym, que não há absolutamente nenhuma equivalência:

> Primeiro, não existe a tal coisa de traduções radicais; portanto, nossas traduções reais provavelmente estão propensas a terem muito mais certeza do que Quine imagina. E segundo, a certeza é tão grande que a equivalência é prontamente aceita e ninguém perde tempo debatendo as possíveis alternativas (PYM, 1993, p. 63 – n.t.).[45]

O indeterminismo de Quine e a semiose são processos especificamente tradutórios. "Como existe dúvida sobre o significado original e, portanto, uma

---

[44] Translation normally proceeds thanks to intercultural relations, or thanks to the fact that the foreign culture is never entirely closed, never entirely virgin.

[45] First, there is no such thing as radical translations, so our actual translations are likely to have a good deal more certitude than Quine imagines. And second, the certitude is so great that equivalence is readily accepted and no one wastes time debating the possible alternatives.

pluralidade de significantes, a expressão 'dúvida' pode ser encontrada em diferentes interpretações ou traduções" (1993, p. 60 – n.t.).[46]

Becker (2010, p. 125) indica que Pym

> advoga que os diversos paradigmas possuem suas forças e fraquezas e que todo aquele que tiver algo a expressar a favor ou contra cada um deles já não pertence a um somente, mas a todos, e passa a poder tirar vantagem dos mesmos, movimentando-se dentre eles e selecionando ideias que auxiliem na tomada de decisão e na resolução de problemas.

Os/as tradutores/as podem discordar uns dos outros, admite Pym, porém, quando se trata da escolha de um termo tradutório equivalente e da autoridade das pessoas que discutem, o debate pode ser injusto ou tendencioso. O acadêmico acredita que esse problema começa no ensino da tradução, quando os/as alunos/as ao entrarem na faculdade continuam tendo aula de gramática em vez de oficinas que trabalhem habilidades e técnicas de tradução. A melhor forma de se ensinar, segundo Pym, seria discutir qual a tradução mais adequada baseado em todo o contexto do texto e no conhecimento cognitivo de quem está traduzindo. Ele diz:

> Nossas definições nos forçam a dizer que a competência translacional nem sequer entra na maior parte do que pode ser ensinado em nível locucionário, em nível de coisas que são simplesmente certas ou erradas. O nível em que a tradução deve ser ensinada é principalmente o ilocucionário; o nível de exemplos como 'atual' e 'presente', onde precisamos sentar e considerar se há diferenças reais entre as alternativas em um contexto específico (1993, p. 68 – n.t.).[47]

---

[46] Since there is doubt about the original signified and thus a plurality of signifiers, the expression. Of doubt can be found in different interpretants, or translations.

[47] Our definitions force us to say that translational competence doesn't even enter into most of what can be taught on the locutionary level, on the level of things that are simply right or wrong. The level at which translation should be taught is mostly illocutionary. "It's the level of examples like "current" and "present", where we have to sit down and consider whether there are any real differences between the alternatives in a specific context" (PYM, 1993, p. 68).

Cap. 7 – Anthony Pym: entre a prática de sala de aula e a construção teórica da tradução

Muitas vezes, quando o/a tradutor/a não entende o que foi dito no texto de partida, seja uma expressão idiomática ou não, busca informantes nativos para esclarecer o sentido, e, ao fazê-lo, se depara com alguém que, apesar de nativo, tem dificuldades para explicar. É por isso que Pym (1993, p. 71 – n.t.)[48] faz críticas a Quine, porque, segundo o teórico: "Quine assume que o nativo sabe. Mas quando trabalho como informante nativo, muitas vezes não sei". Com essa declaração, Pym aponta que, como professor, também não pode ter a pretensão de dar respostas que possam ser tidas pelos discentes como "a tradução correta"; o que podem os docentes fazer é apontar o caminho para as muitas possibilidades à disposição.

Anthony Pym defende, em relação às culturas que envolvem a tradução, que, quem traduz, via de regra, pertence mais a uma cultura do que a outra, sendo que geralmente a primeira é a da língua alvo. Segundo ele, o correto seria usar o conhecimento sobre tradução para explicar a cultura, e não o contrário, pois a tradução não envolve uma análise sociológica ou um estudo avançado sobre a cultura. Estudiosos podem saber mais sobre uma cultura do que os que nela vivem, no entanto, ainda há coisas que nenhum dos dois consegue compreender. Para exemplificar, Pym retoma o enunciado "o sol está descendo", com o qual todas as pessoas concordam, mesmo sabendo que é a terra que se move ao redor dele, e não o contrário, porque essa é uma formulação enraizada na língua há séculos, antes do ser humano entender o sistema solar.

O escritor defende que traduzir não é um "bicho de sete cabeças" e que, com muita prática, é possível se aprender. Por isso, é melhor que o façam por meio de exercícios, reflexões, sem se prender aos docentes em busca de respostas prontas. Pym, como experiente professor que é, ressalta que os docentes não deveriam determinar uma tradução como sendo a única possível, já que existe a indeterminação apontada por Quine (*apud* PYM, 1993).

---

[48] Quine assumes the native knows. But when I work as a native informant, I often don't know.

Cap. 7 – Anthony Pym: entre a prática de sala de aula e a construção teórica da tradução

Ao relatar um pouco de sua experiência como professor, Pym defende que o ensino da tradução deveria se processar de modo indutivo, de forma que os discentes aprendam enquanto traduzem, sem se prenderem a teorização longe da pratica. Sobre isso, o acadêmico confessa que se ficaria muito mais feliz com um programa de tradução que levasse primeiramente os discentes a praticarem muito o fazer tradutório para só então oferecer seminários no último ano sobre as principais teorias da tradução. Dessa forma, quaisquer noções sobre tradução viriam da experiência, e não o contrário (1993); para ele, o ensino da tradução deve se dar em nível de escolhas, as quais poderiam ser justificadas por questões extralinguísticas, paralinguísticas ou ilocucionárias.

Pym também aborda a questão da terminologia que obviamente quem traduz deve entender para poder trabalhar com tradução técnica, em que os termos técnicos da área precisam ser dominados, embora o professor critique a opinião de que determinado termo em uma área específica tenha que ter o mesmo significado em duas línguas diferentes. No entanto, enfatiza o autor que a principal dificuldade da terminologia é saber quando um termo não é técnico.

Nesse sentido, ele aconselha os tradutores e aspirantes à tradução que sejam flexíveis e se adaptem às demandas do mercado de trabalho, considerando que a ciência e tecnologia estão em avanço constante e, por isso, devem entender que determinado termo pode deixar de ser técnico e adequado conforme o desenvolvimento da área. Seu conselho: "É mais útil dar ideias sobre onde encontrar informações e, acima de tudo, como estabelecer relações com clientes e especialistas que podem ajudar os aprendizes em seu trabalho" (PYM, 1993, p. 144 – n.t.).[49]

Pym continua oferecendo seus conselhos sobre quem ensina quem traduz; para o pesquisador, o ideal seria que os professores fossem profissionais da área e se juntassem aos discentes para traduzir, em vez de impor traduções

---

[49] It's far more useful to give a few ideas about where to find information, and above all how to establish relations with clients and experts who can help you with your work.

prontas e tidas como indiscutíveis. Assim, os aprendizes se familiarizariam melhor com dispositivos e técnicas de tradução em meio às dificuldades do processo, em vez de gastarem longas horas com estudo de gramática como se fosse uma escola de idiomas. No entanto, o docente continua exercendo sua autoridade para assegurar aos discentes que as traduções soam naturais e que eles estão seguindo um processo lógico.

É normal que aprendizes de tradução e seus professores tenham opiniões diferentes. Nesse caso, os aprendizes devem ter autoridade para discutir entre si e chegar a conclusões sobre suas traduções sem que haja imposição ou indicação de respostas certas ou erradas por parte dos docentes; seu papel neste momento deve ser apenas de conselheiro das discussões. Beckern (2010, p.110), ao falar sobre os pressupostos teóricos de Pym, considera que o teórico acredita em uma teoria de tradução pluralista e que seja fundamentada no debate, promovendo o desenvolvimento de boas estratégias de tradução; não deve haver por parte dos docentes de tradução qualquer tipo de julgamento avaliativo da tradução feita pelos discentes, pois esse não é o objetivo do ensino de tradução a futuros profissionais. A noção humanista de Pym aponta para o respeito e o reconhecimento quanto ao esforço dos discentes em darem seu melhor para expressar nas traduções a mensagem compreendida a partir do texto fonte.

Pym continua ilustrando o quanto as línguas diferem em aspectos variados e apresenta a frase em espanhol: "*la pared, o mejor, muralla*", em determinado contexto. Assim como em português, no espanhol existe diferença entre "parede" e "muro", todavia, em inglês não há; como resultado, na tradução do espanhol para o inglês, Pym discute que uma das opções seria substituir os dois termos "*pared/muralla*" por "*the wall*", sem preocupação de buscar algum tipo de equivalente para as palavras, o que para o teórico, não seria o ideal, mas tentar encontrar palavras que descrevessem tal diferença. O autor sugere: "*inside wall/ outside wall*" (1993, p. 118).

Por fim, Pym enaltece a atividade tradutória por ser uma tarefa que alimenta a globalização e, como consequência, expande os limites de quem traduz, sem delimitação do mercado de trabalho para tais profissionais, o qual não se resume ao local, mas avança em nível nacional e internacional" (PYM, 1993, p. 145).

Pelas abrangentes considerações sobre tradução, percebemos que Pym está atento às mudanças que vêm desviando o foco das discussões especificamente sobre grupos de teorias consideradas clássicas, abrindo possibilidades de seguir caminhos de abordagem de tradução diferentes, à medida que se traduz, pois as experiências tradutórias dificilmente se repetem, pela própria natureza dos textos e situações em tradução; daí não existir para Pym trilhas prontas e ao alcance de poucos, mas a partir de uma visão do conjunto de teorias, ele aponta que pode ser proveitoso se criar teorias próprias que se tornem paradigmas para tradução de gêneros específicos de texto.

Referências

PYM, A. **Epistemological Problems and Its Teaching.** Calaceite: Edicions Caminade, 1993.

PYM, A. Humanizing Translation History. **Hermes** – Journal of Language and Communication Studies, Tarragona, 2009. Translation Studies: Focus on the Translator, no. 42.

PYM, Anthony. **Exploring translation theories**. London; New York: Routledge, 2010. Resenhado por Elizamari R. Becker. Disponível em: https://seer.ufrgs.br/translatio/article/viewFile/36682/23749. Acesso em 05 maio 2019.

PYM, Anthony. **Teorias contemporâneas da tradução**. Uma abordagem pedagógica. Tradução de Ana Maria Chaves, Eduarda Keating, Fernando Ferreira Alves. Lisboa: Fundação Calouste Gulbenkian, 2013.

PYM, A. **Teorías Contemporáneas de la Tradución.** 2. ed. Tarragona: Intercultural Studies Group, 2016.

PYM, Anthony et al. Exploring Translations Theories. **Cadernos de Tradução**, Florianópolis, v. 36, n. 3, p. 214-317, set. 2016. Disponível em:

https://periodicos.ufsc.br/index.php/traducao/article/view/2175-7968.2016v36n3p214. Acesso em: 20 ago. 2019.

GUERINI, A. Resenha - Teorias contemporâneas da tradução. Uma abordagem pedagógica. **Belas Infiéis**, v. 7, n. 1, p. 345-349, 2018. Disponível em: https://periodicos.unb.br/index.php/belasinfieis/article/download/12577/109 99/. Acesso em: 05 out. 2019.

8 CONTRIBUIÇÕES TEÓRICAS DA PERSPECTIVA DA TRADUÇÃO DE GÊNERO PARA A PRÁTICA TRADUTÓRIA[50]

Ana Maria de Moura Schäffer

Introdução

Os intercâmbios entre teoria e prática da tradução, no âmbito do encontro da tradução com as teorias feministas, a linguagem não sexista, o gênero e a linguagem inclusiva, constituem um aporte teórico que inaugura novos direcionamentos nos estudos e na prática da tradução. Esses encaminhamentos têm feito parte das minhas interlocuções como pesquisadora, orientadora e professora no trânsito das atividades teóricas e práticas na área da tradução, no transcorrer das aulas ministradas no Bacharelado de Tradutor e Intérprete, por mais de 20 anos.

Pensando nos objetivos do livro de revisitar algumas perspectivas teóricas e discutir seu impacto nas práticas tradutórias e na formação de tradutores e tradutoras, neste espaço retomo brevemente os antecedentes históricos do encontro da tradução com as áreas supracitadas, tendo em vista as consequências desse encontro para a prática da tradução contemporânea.

O capítulo assim se organiza: iniciamos partindo dos interesses históricos que vêm contribuindo para aproximar o background teórico feminista com outras instâncias da tradução; em seguida, destacamos o encontro do termo "gênero" com a tradução e; traçamos considerações sobre os desenvolvimentos de pesquisa nesta área, na atualidade, no âmbito brasileiro, com uns poucos exemplos, visando à perspectiva prática da tradução.

---

[50] Este texto é resultado do estágio de pós-doutorado em Linguística Aplicada, na Universidade Estadual de Campinas (UNICAMP), sob orientação da Profª Drª Mª Viviane do Amaral Veras.

Considerações históricas

A dimensão histórica da tradução, de modo geral, tem se alterado nas últimas décadas, a partir das percepções e interesses de tradutoras e tradutores em repensar os Estudos da Tradução, levando a metamorfoses de paradigmas e fronteiras, ao subverter padrões hierárquicos. Os discursos mais contemporâneos fundamentados em movimentos como a "virada cultural", ou *cultural turn* (SIMON, 1996) e a desconstrução impulsionaram essas diferentes formas de compreender a tradução em estreita relação com outros modos de comunicação, inevitavelmente, influenciados pelas tensões que atravessam toda e qualquer representação, pois sendo um processo de mediação cultural, a tradução não está imune aos aspectos ideológicos, mas, ao contrário, é atravessado por eles.

O desejo de sacudir o manto confortável do essencialismo que, em muito se confunde com o manto das identidades fixas e estanques, visto não permitir a problematização da diversidade presente dentro de categorias pré-estabelecidas, levou as tradutoras e escritoras feministas quebeco-canadenses das décadas de 1970 a 1990 a uma revolução nas práticas de escrita e tradução que visava à desestabilização da "linguagem patriarcal" convencional e prescritiva. Foi nesse contexto que o embate entre feminismo e tradução tomou corpo, dando origem ao que se conhece hoje como tradução feminista. As tradutoras e escritoras Lotbinière-Harwood, B. Godard, S. J. Levine, N. Brossard e outras iniciaram a empreitada de deliberadamente tornar o sujeito feminino visível na linguagem, por meio da escrita tradutória.

Para as pioneiras do movimento feminista quebeco-canadense, a linguagem da perspectiva masculina era incapaz de expressar o ponto de vista da mulher, razão que as levou a proporem mudanças e interferências na linguagem. Tais intervenções praticadas nos textos traduzidos pelas tradutoras feministas aconteciam em vários níveis da língua (semânticos, fonológicos, morfológicos, etc.) e, de várias formas. Alguns exemplos: o neologismo *malestream*, em lugar de mainstream; *herstory*, em lugar de history, a feminização de *auteur* para *auteure*, no caso do inglês: *auther*, com o *e* italicizado para deixar claro que não se trata de um erro gráfico ou outra coisa; o acréscimo do prefixo *re* na conhecida expressão *Le belles infidélis*, cunhada no século XVII, na França, resulta em *re-belles et infidéles*, transformando, conforme a tradutora Lotbinière-Harwood (1994, p. 99), "as belas" em "rebeldes" pelo processo fonológico, semântico e morfológico, além de remeter ao sentido de repetição por meio de mudança.

Essas mudanças serão responsáveis pelo contexto cultural favorável às discussões e práticas do projeto de integração da tradução com os interesses das mulheres e resultarão em estratégias de tradução feministas. Além dessas, outra estratégia que se tornou rotineira entre as tradutoras-escritoras feministas foi a reflexão sobre suas práticas de tradução nos paratextos das obras que traduziam (FLOTOW,1991; SIMON, 1996), para destacar a presença ativa e produtora da tradutora mulher no texto. Conforme se explica Lotbinière-Harwood (1991), ao fazerem isso, elas o faziam em defesa de um propósito eminentemente político, pois tinham como meta deixar suas marcas, subverter a linguagem sexista e estimular a subjetividade feminina da tradutora e das leitoras e leitores. Desse modo, "ao colocarem suas mãos na tessitura do texto, elas substituem o/a tradutor/a modesto/a e autoapagadada [...], por '*autor*idades' das obras que traduzem" (SCHÄFFER, 2010, p. 33).

Para Godard (1989, p. 50), a tradutora feminista, ao assumir seu papel ativo na criação de sentido, "[...] ostenta sua assinatura em itálicos, notas e prefácios [...]". Assim, sob tal óptica ela é mais que uma tradutora, passando a ser cúmplice da autora para transmitir todas as estranhezas do texto fonte, ao mesmo tempo em que expõe os múltiplos significados em outros tempos deixados de lado na tradução. Destaca Flotow (1991) que o forte objetivo didático e político por trás das estratégias empregadas buscava a visibilidade da tradutora. Isso fica evidente no prefácio de Lotbinière-Harwood (1994, p. 4): "como tradutora feminista, as minhas escolhas de palavras e de obras para traduzir são orientadas pela cultura emergente das mulheres".

O gênero em tradução e variações

Uma das mudanças mais marcantes dentro das ciências humanas e das letras na década de 1970, conforme Showalter (1994), foi o surgimento do conceito de gênero na Inglaterra, como categoria de análise. A noção de gênero trouxe a vantagem prática de nos permitir falar tanto sobre mulheres quanto sobre homens, o que, de certa forma, gerou um momento de crise na evolução da crítica feminista. Para esta autora, se, por um lado, considerações sobre gênero podem causar um impacto maior do que considerações sobre a mulher na transformação das disciplinas humanísticas, por outro, a categoria gênero pode voltar a direcionar a investigação para o centro, para a literatura consagrada ou canônica e despolitizar a prática feminista.

> O termo "gênero" é usado pelas feministas para expressar não somente as diferenças biológicas entre homens e mulheres, mas principalmente para se referir a características que tanto homens como mulheres adquirem e os papéis que assumem a partir do contexto sociocultural em que se inserem. As primeiras feministas usavam o termo para tratar, especificamente, das imposições sociais sobre a mulher (CASTRO, 2007, p. 51).

Essa também foi a preocupação recente de Flotow (2011; 2013). Considerada umas das referências quando o assunto é tradução feminista, a autora, ao organizar um de seus últimos livros "Translating Women", além de trazer pesquisas recentes referentes à tradução em interface com os feminismos e levantar questões importantes relacionadas ao tema, põe em evidência a discussão sobre o termo "gênero" que vem assumindo relevância nos estudos feministas das últimas décadas, pois inicialmente surgiu como estratégia dos movimentos feministas para se afastar do sintagma "teoria feminista", desgastado pela crítica. Ou seja, como uma forma de trazer legitimidade nos espaços acadêmicos para as pesquisas nos anos 1980.

No entanto, Flotow chama a atenção que outros termos têm influenciado o debate sobre "gênero", como *gay* ou *queer,* ou o acrônimo *GBLTQI* (Gay, bissexual, lésbica, transexual, *queer*, intersexual) e esses, por sua vez, têm desviado a atenção de temas relacionados à mulher, colocando-a à margem novamente. O gênero não configura um princípio unificador para todas as mulheres; ao contrário, a opressão universal de gênero adquire graus e modos diferentes, em vista da cultura e a sociedade a que cada mulher pertence, assim como convivem os diferentes feminismos cujo propósito é a erradicação da discriminação em todos os níveis. O termo gênero, nesse sentido, com a pretensa de englobar indiscriminadamente todos os seres humanos se voltou mais para o centro, o que levou a uma despolitização das práticas feministas (FLOTOW, 2011). Ao falar sobre o termo *queer,* a autora crítica também a sobreposição das teorias *queer* sobre a categoria 'mulheres':

> [...] o fato é que desde o advento do que veio a ser chamado de "teorias *queer*" – as quais geraram essa solução discursiva a problemas de essencialismo e identidades políticas que empestearam os feminismos – houve um declínio notável na pesquisa relativa a mulheres e tradução (FLOTOW, 2013, p. 176).

Para Flotow (2013), a ideia das teorias *queer* era evitar definições e categorizações, mas então ela se pergunta, como estudar algo sem delimitar categorias ou partir de definições? A autora, cita Gamson (1995), que faz uma crítica às teorias *queer,* ao defender que: "sem categorias de identidades fixadas, as quais são simultaneamente a base da opressão e a base do poder político, não há nem uma política da identidade nem uma política da transgressão" (p. 177).

Para Flotow (idem), a abordagem *queer* proposta no âmbito das humanidades contribuiu ainda mais para enfraquecer a categoria "mulheres" e não se tornou muito frutífera na tradução, a qual não ocorre no vácuo, mas se dá sempre em um contexto social e, por isso, é impactada por desenvolvimentos 'grupais' sociopolíticos e responsiva a eles.

Outro aspecto destacado por Flotow (2013) em textos recentes, com o propósito de revisitar a tradução no movimento de mulheres, são as retraduções da Bíblia em tempos feministas, como "The Woman's Bible", de Elizabeth Cady (1895). As retraduções de partes da Bíblia buscam refletir os novos entendimentos sobre a posição das mulheres na sociedade, porque historicamente, afirma Flotow, a tradução e a adaptação foram feitas em culturas patriarcais hostis, o que fez com que sistemas políticos e sociais se firmassem cada vez mais quanto à natureza secundária da mulher, daí a importância das retraduções do texto sagrado que se valham de estratégias inclusivas de tradução, não discriminatórias e que evitem ferir suscetibilidades.

A historiadora e teórica do gênero Joan Scott (1995) esclarece que o emprego do "gênero" para designar relações sociais entre os sexos rejeita explicações biológicas que encontram um denominador comum para diversas formas de subordinação feminina. A autora define gênero como "toda e qualquer construção social, simbólica, culturalmente relativa, da masculinidade e da feminilidade" (SCOTT, 1990, p. 5). Segundo pesquisas de Schäffer (2010), Scott apoia-se em Bourdieu (1958 [1995]) para justificar seu entendimento do conceito de gênero, pois para ele, a divisão do mundo se fundamenta nas diferenças biológicas, aquelas que se referem à divisão sexual do trabalho, operando como a mais fundada das ilusões coletivas, sendo elas as vilãs da discriminação da mulher até hoje na sociedade.

Por sua vez, Butler, representante das adeptas da corrente pós-moderna, propõe a desconstrução do conceito de gênero, em sua obra "Problemas de Gênero: feminismo e subversão da identidade" (2003). Ao trazer à discussão as questões de gênero, a autora descentraliza categorias identitárias produzidas e naturalizadas pelos discursos hegemônicos defensoras da crença "numa identidade supostamente existente [do termo mulheres], em diferentes culturas" (Butler, 2003, p. 20). Com isso, os pressupostos defendidos por Butler põem abaixo a lógica do essencialismo que tem definido o que é ser mulher, em favor

do desnudamento desse sujeito enquanto uma categoria multifacetada e instável.
Vem daí sua proposta de considerar o gênero como performativo, visto que
reproduz uma elaboração que toma lugar por meio da repetição de atos que
encontram correspondência nas normas sociais e culturais.

A pesquisadora brasileira Cláudia Costa (2000) declara que a entrada da
rubrica dos estudos de gênero no âmbito dos estudos feministas diz respeito ao
desejo das pesquisadoras brasileiras de se afastarem de termos como *feminismo* ou
teorias feministas com vistas a trazer certo "rigor" e "excelência" científica às suas
pesquisas, apontando ser possível falar e pesquisar questões relacionadas ao
gênero sem se engajar em projetos feminino-políticos. Para a autora, em outro de
seus textos mais recentes (2012), as teorias de tradução voltadas para as mulheres
têm sido incorporadas a outras teorias, como as que têm emergido em contextos
de pós-colonialismo e de colonialidades do gênero, pois considera que esses
intercâmbios pós-coloniais parecem receber mais visibilidade no contexto
contemporâneo. As políticas de tradução desenvolvidas pelas feministas latino-
americanas e latinas dos Estados Unidos, sujeitos subalternos e pós-coloniais, têm
sido amplamente abordadas por Costa, que destaca os debates sobre a tradução
cultural que buscam diálogo com as teorias pós-coloniais defensoras na crença
"de [que] qualquer processo de descrição, interpretação e disseminação de ideias
e visões de mundo está sempre preso a relações de poder e assimetrias entre
linguagens, regiões e povos (COSTA, 2012, p. 42).

Já Pinheiro (2007) aponta para dois aspectos centrais presentes na relação
feminismo e gênero: aquele que defende a ideia de que o biológico não explica os
diferentes comportamentos de homens e mulheres e o que se refere à noção de
um poder distribuído de forma desigual entre os sexos. Segundo Pinheiro, o
conceito de gênero nos aproxima do patriarcado, visto constituir-se um sistema
de dominação das mulheres pelos homens. Para Pinheiro, "não se deve, porém,
proceder à redutora substituição de um conceito pelo outro, pois, se gênero
remete à relação entre os sexos que não determina previamente o polo dominante,

no patriarcado o polo dominante é, por definição, o homem" (2007, p. 35). Ou segundo Saffioti (*apud* PINHEIRO, 2007, p. 35): "O patriarcado é um caso específico das relações de gênero".

Posições teóricas e decisões práticas na tradução

O aporte teórico que embasa este tópico dialoga com autoras e pesquisadoras brasileiras da área, como Blume (2010; 2011), Schäffer (2010), Oliveira (2015), entre outras. Flotow (2011; 2013) representa as pesquisas mais recentes fora do Brasil, entre outros autores e autoras como Santaemilia (2011).

Em 2010, Blume discute a relação direta entre tradução e gênero, no artigo "Teoria e prática tradutória numa perspectiva de gênero". A ênfase do trabalho, além de fazer um percurso histórico e teórico dessa relação em quatro blocos, centra-se no fato de que os Estudos de Gênero chamam a atenção para o caráter 'gendrado' da linguagem, ou seja, para a sua natureza patriarcal (2010, p. 122). Interessante observar que no referido artigo a autora trabalha com os sintagmas "tradução de gênero/ feminista", optando pela estratégia da barra (/) durante o texto, em vez da repetição tradução de gênero e/ou tradução feminista.

À parte do percurso histórico dessa relação, o texto de Blume explicita o objetivo do trabalho da crítica: "analisar traduções de obras de mulheres, especialmente de feministas; discutir como foram realizadas as traduções e se houve suavizações, reduções ou deturpações do potencial crítico, inovador ou subversivo dessas obras" (p. 127). Além disso, obras canônicas masculinas também foram alvo da crítica de tradução, cuja ênfase foi "a retextualização, no processo tradutório, de suas personagens femininas e de seu eventual conteúdo misógino" (idem).

Blume põe em evidência as questões políticas atuais da tradução, principalmente o fato de que as autoras mulheres, no geral, não são tão traduzidas quanto os autores homens. Então ela se pergunta: quem escolhe o que será traduzido? Quais os critérios? Os objetivos dessas escolhas? Segundo a autora, são questões importantes que merecem destaque e que estão na pauta das preocupações teóricas de tradução e gênero.

O artigo de Pires (2014), "Subjetividade do sujeito-tradutora na tradução no Brasil do livro 'Mulheres que correm com os lobos'" – trata especificamente das marcas de subjetividade da tradutora nas escolhas lexicais, durante o processo e tradução do livro. Ao perscrutar o movimento tradutório, a discussão expõe o silenciamento da tradutora em meio à temática feminista da obra. Pires discute a temática do livro, em que há indicação de que a domesticação feminina apagou a imagem instintiva e selvagem da mulher do começo da civilização. Para resgatar essa identidade, a autora refaz esse caminho e analisa a posição da tradutora na hora de escolher os pronomes; percebe, então, um apagamento por parte desta nas situações em que o empoderamento feminino mais se evidencia. É um estudo que podemos considerar prático, pois traz exemplos do movimento de tradução que podem trazer visibilidade ou ocultar a personagem mulher.

Alguns problemas envolvidos na tradução do feminino, resultantes da articulação discursiva do gênero e das condições sócio históricas de sua construção são trazidos no artigo "Tradução do feminino: Zzymborska", de Olga Donata Guerizoli Kempinska (2014). Os problemas concretos encontrados no processo da transmissão das marcas do gênero feminino do polonês para o português são trazidos à discussão. A autora justifica que a tradução de poemas escritos por mulheres é instigante, especialmente, porque o próprio processo de construção do sujeito feminino é semelhante a um ato de "se traduzir", sendo marcado pela intensidade e por dificuldades particulares. Na prática, o artigo apresenta a dificuldade na tradução da presença do sujeito feminino nos poemas da poetisa, mas propõe alternativas para combater a neutralização tendenciosamente masculinizante do discurso.

O texto de Pfau (2012), "Gênero e Tradução: questões culturais sobre a Transmissão de conhecimento" faz uma revisão bibliográfica do que vem sendo discutido nos últimos anos entre estudiosas a quem interessa a interface destes estudos. A relação da tradução com questões as culturais abordada no texto tem conduzido o trânsito e as discussões sobre tradução, seja em sua relação com o gênero, sexo, raça, religião, seja em diferentes instâncias da tradução. Mesmo que os estudos culturais estejam bem próximos dos Estudos de Tradução atualmente, há problemas comunicacionais gerados pelas diferenças culturais, ou pelas diferentes interpretações de valores culturais das culturas de partida e de chegada.

No artigo "Translatrix: Mulher e Tradução", de Romero (2016), as discussões centram-se em obras escolhidas para traduzir por mulheres, dando ênfase à atuação feminina no campo da tradução e à importância dos textos traduzidos por mulheres no contexto intelectual em que estão. Outro aspecto enfatizado no estudo continua sendo a subserviência da mulher e da tradução, bem como o papel ocupado pela mulher na sociedade. Os pressupostos da crítica feminista são discutidos para destacar a relação entre a subalternidade da mulher e da tradução. Todavia, os textos traduzidos são considerados meios de dar visibilidade a obras de grande relevância que permitem refletir sobre as condições do papel ocupado pela mulher.

Na pesquisa que vem sendo realizada por Oliveira (2015), descrita no capítulo: "Tradução & gênero: tradutoras brasileiras das décadas de 1930 e 1940", a pesquisadora apresenta uma discussão de dados coletados em uma pesquisa longitudinal em torno da atuação de mulheres brasileiras nas décadas de 1930 e 1940 como tradutoras de romances e contos escritos originalmente em língua inglesa. Segundo Oliveira, seu estudo vem preencher uma lacuna na história da tradução no Brasil, principalmente quanto ao lugar da mulher nessa história, colocando em evidência a importância do papel desempenhado por mulheres que se dedicaram à tradução de textos – romances e contos – de literatura de língua inglesa para o português.

A autora enfatiza que muitas escritoras de renome se lançaram à atividade tradutória e destaca, entre os exemplos, Rachel de Queiroz e Dinah Silveira de Queiroz. Isso motivou outras mulheres, até então longe do mundo das letras, a se dedicarem à tradução. Embora para muitas a tradução tenha sido uma atividade incidental, para outras, a atividade abriu caminho para se tornarem escritoras (OLIVEIRA, 2015, p. 128). Um dado que nos chama atenção na pesquisa da autora é a indicação de que as mulheres entraram no mercado da tradução no ano de 1940. Também destaca que foi através da tradução que as mulheres ingressaram no mundo da intelectualidade, tanto na Inglaterra renascentista como no Brasil. Essa pesquisa serve de archote e clareia a estreita relação entre gênero e tradução, além de enaltecer o importante papel da mulher na história da tradução no Brasil.

As reflexões em torno da intersecção estudos da tradução e gênero e seu impacto na constituição de tradutoras brasileiras foram foco da pesquisa de Schäffer (2010), que introduziu discussões sobre os dizeres de tradutoras brasileiras ao se posicionarem em relação à tradução feminista/ de gênero, a partir de uma pesquisa prática. Os objetivos primários foram identificar se havia no Brasil alguma prática de tradução feminista ou preocupação com o assunto. Na pesquisa foram usados os sintagmas "tradução feminista" e "tradução de gênero", o que gerou certa confusão que podem ter sido a causa principal de diferentes reações. Entre as justificativas de algumas críticas das tradutoras está o fato de a expressão "tradução feminista" remeter aos movimentos feministas da década de 1960 e 1970 considerados caricatos e fora de moda. Mesmo assim, na materialidade linguística das tradutoras emergiram posicionamentos indicativos da familiaridade com o discurso feminista.

Nas representações discursivas, a prática tradutória se materializou de formas variadas com palavras que pertencem ao discurso feminista, como: "luta, igualdade, emancipação, sistema patriarcal, visibilidade, gênero marcado", entre outras (SCHÄFFER, 2010, p. 104). Com isso, as tradutoras deixaram emergir sua pertença aos grupos que denunciam o apagamento e a invisibilidade das mulheres, sendo a tradução forte aliada para que a luta por visibilidade e voz alcance seus objetivos. Em face dos resultados, a pesquisa indicou fortes representações de gênero no dizer das tradutoras que não só indicam suas concepções de tradução como uma atividade política e social, como refletem suas práticas tradutórias como professoras em cursos de tradução e tradutoras em exercício.

Interessante observar que o termo "gênero" emergiu constantemente no dizer das tradutoras, no sentido de uma variável binária (homem x mulher), enfocando a diferença sexual como determinante na forma como homens e mulheres se comunicam, o que podemos ver nos exemplos: (1) "Sempre me preocupo com questões de gênero. Usar 'ele' e outras formas masculinas quando se quer referir à população em geral, composta de mais mulheres do que homens, é um total descaso"; (2) "As preocupações de 'gênero', [...], me levaram às raias da loucura ao trabalhar em um importante dicionário bilíngue [...]. Para evitar cair no gênero gramatical masculino [...] Tínhamos de dizer: "se alguém compra alguma coisa, esta pessoa..." Onde "alguém" pode ser considerado "neutro" (que não temos). Porém, era necessário seguir com "uma pessoa" (gênero gramatical feminino para o genérico) para atendermos a "questões de gênero" (sublinhados e aspas da tradutora); (3) "Acho importante passar aos alunos de tradução certas noções, como por exemplo, de traduzir *sex* por gênero, *race* por etnia, *nurse* por profissional (ou equipe) de enfermagem, *from the USA*, por estadunidenses, são apenas alguns pontos importantes para que se crie um texto livre de noções preconceituosas".

São dizeres que indicam o saber sobre gênero em interface com a tradução e que desvelam uma representação de tradução e de gênero como algo marcado pela/na língua e que precisa ser considerada no ensino da tradução; nesses contextos, as professoras se mostram enquanto responsáveis em ensinar tais aspectos da tradução, as quais evocam saberes sobre a língua, modos de gestão do conhecimento e de representações de si como tradutora, professora e falante da língua. Ademais, na prática, a tradução do gênero pode ter muitas implicações em termos de ética e ideologia. No caso de estarmos diante de palavras oriundas de línguas em que não há marcação do gênero, há de se determinar se elas se referem às mulheres, aos homens ou a ambos.

Pensemos em outros exemplos, ao consideremos as seguintes construções: "**Scientists** will discover something that explains ghosts" (LEONARDI; TARONA, 2011). Ou seja, o termo "scientists" nesse contexto refere-se, com certeza, a mulheres e homens, logo é gramaticalmente correto se usar uma forma de tradução que seja inclusiva; uma das possibilidades é excluir o artigo "Os/as", como em: "**Cientistas** descobrirão alguma coisa que explique os fantasmas"; outra forma é manter o artigo: "**Os/as cientistas....**". No entanto, essas decisões sempre provocam discussões éticas quanto às formas de gênero politicamente mais adequadas de se usar. Outros exemplos com estratégias que evitam linguagem sexista e discriminadora: "On prehistory **the man** dwelt in caves" – Na pré-história, **as pessoas** viviam em cavernas/ Na pré-história, **vivia-se** em cavernas. "The injured will be compensated" – Os afetados, **tanto homens como mulheres** serão indenizados/ **As pessoas afetadas** serão indenizadas.

Notas finais

A pesquisa permite apreender que as conquistas da tradução inclusiva, não sexista ou de gênero ainda não estão consolidadas. E a considerar os trabalhos aqui investigados, pode-se aventurar a dizer que está havendo uma apropriação das teorias de tradução feministas, revestidas de roupagens e propostas diferenciadas que cada vez mais propõem práticas de tradução não excludentes, ao redefinirem antigas interações.

Flotow já antecipou essa realidade, quando no prefácio de seu livro Translating Women (2011, p. 1), quase vinte anos após sua primeira obra tratando da relação tradução e feminismo no contexto canadense, destaca que "é hora de novamente escrever sobre 'mulheres e tradução', hora de voltar ao 'primeiro paradigma' dos estudos de gênero aplicados à tradução...". Diríamos à moda de Flotow que, quase dez anos após pesquisa sobre o tema em estudos de doutorado, revisitamos a trajetória desse paradigma, não só para repensarmos em alguns conceitos relativos a própria terminologia que envolve a relação tradução/mulheres/ gênero/feminista e sua recepção no contexto brasileiro, mas também para trazer visibilidade a estudos recentes que de algum modo colocam a temática em discussão.

Evidencia-se a partir dos textos lidos que não parece mais possível falar em tradução sem encaminhamento imediato ao movimento de mulheres, às políticas feministas e à produção acadêmica feminista. Essa evidência comprova o que Flotow concluiu em um de seus recentes trabalhos (2013, p. 170), ao destacar que nos últimos quarenta anos essas áreas têm sido poderosamente impactadas pela tradução, não só aqui ou acolá, mas "em todo o mundo".

Em termos de Brasil, é possível perceber que há investigações no que se refere às práticas de tradução entrelaçadas com o gênero, cujas abordagens variam entre análises de marcas de feminismo em textos traduzidos de autoras até o impacto do gênero e da raça, além de questões culturais nos resultados de traduções. Essas pesquisas, no geral, se distanciam das visões essencialistas da tradução, trazendo transformações e mudanças de paradigmas que se implantam na área de tradução, com preocupações que abarcam questões políticas e pós-coloniais e provocam rupturas no modo de se conceber a tradução em suas múltiplas correlações.

Por fim, temos consciência de que é preciso insistir com futuros/as tradutores e tradutoras quanto à importância de se modificar a situação atual por meio da tomada de consciência, com base em práticas tradutórias deliberadamente preparadas para que a linguagem não sexista e inclusiva seja exercitada, tendo em mente que a linguagem não é apenas o lugar onde se reproduz a discriminação e a exclusão, mas é nela que se cultiva a manutenção da ordem social desigual.

Referências

BLUME, Rosvitha F. Teoria e prática tradutória numa perspectiva de gênero. **Fragmentos:** Revista de Língua e Literatura Estrangeiras, Florianópolis, v. 21, n. 39, jul./dez. 2010. Disponível em: https://periodicos.ufsc.br/index.php/fragmentos/article/view/29656. Acesso em: 15 nov. 2015.

CASTRO, M. S. **Tradução ética e subversão**: desafios práticos e teóricos. 2007. 119 f. Dissertação (Mestrado em Letras) - Departamento de Letras da Pontifícia Universidade Católica do Rio de Janeiro, 2007.

COSTA, Claudia de Lima. As teorias feministas nas Américas e a política transnacional da tradução. **Revista Estudos Feministas** (REF). Florianópolis, v. 8, n°. 2, 2000.

COSTA, Claudia de Lima. Feminismo, tradução cultural e a descolonização do saber. **Fragmentos**: Revista de Língua e Literatura Estrangeiras, v. 21, n. 2, jun. 2012. Disponível em: https://periodicos.ufsc.br/index.php/fragmentos/article/view/29649. Acesso em 11 maio 2017.

FLOTOW, Luise von. Feminist Translation: Contexts, Practices, Theories. **TTR** (Traduction, Terminologie, Redaction), v. 4(2), 1991.

FLOTOW, Luise von. **Translation and Gender:** Translating in the Era of Feminism. Translation Theories Explained. Manchester: St. Jerome Publishing, 1997.

VON FLOTOW, Luise (ed.). **Translating Women**. Ottawa: University of Ottawa Press, 2011.

FLOTOW, Luise von. TRADUZINDO MULHERES: de histórias e re-traduções recentes à tradução "Queerizante" e outros novos desenvolvimentos significativos. *In*: BLUME, Rosvitha Friesen; PETERLE, Patricia (org.). **Tradução e relações de poder**. Tubarão: Ed. Copiart; Florianópolis: PGET/UFSC, 2013.

GODARD, Barbara. Theorizing Feminist Discourse/Translation. **Tessera**, n. 6, 1989.

GUERIZOLI KEMPINSKA, Olga Donata. Tradução do feminino: Szymborska. **Cadernos de Tradução**, v. 1, n. 33, jul. 2014. Disponível em: <https://periodicos.ufsc.br/index.php/traducao/article/view/2175-7968.2014v1n33p35>. Acesso em: 20 jul. 2017.

LEONARDI Vanessa; TARONNA Annarita. Translators vs translatresses' strategies: ethical and ideological challenges. **MonTI 3**, 2011. Disponível em: http://www.e-revistes.uji.es/index.php/monti/article/view/1615. Acesso em: jun. 2019.

LOTBINIERE-HARWOOD, Susanne de. **The body bilingual**: translation as a rewriting in the feminine. Toronto: The Women's Press, 1991.

LOTBINIERE-HARWOOD, Susanne de. Acting the (Re)Writer: a Feminist Translator's Practice of Space. **Fireweed**, 44/45, 1994.

OLIVEIRA, Maria Clara Castellões. Tradução & gênero: tradutoras brasileiras das décadas de 1930 e 1940. In: AMORIM, Lauro Maia; RODRIGUES, Cristina Carneiro; STUPIELLO, Érika Nogueira de Andrade. **Tradução &: perspectivas teóricas e práticas**. São Paulo: Editora UNESP, 2015.

PFAU, Monique. Gênero e tradução – Questões culturais sobre a transmissão de conhecimento. **Revista Criação & Crítica**, São Paulo, n. 8, abr. 2012. Disponível em: http://www.periodicos.usp.br/criacaoecritica/article/view/46842. Acesso em: 10 dez. 2017.

PINHEIRO, Luana Simões. **Vozes Femininas na Política**: Uma análise sobre mulheres parlamentares no pós-Constituinte. Brasília: Secretaria Especial de Políticas para as Mulheres, 2007.

PIRES, Maria Amélia Lobo. Subjetividade do sujeito-tradutora na tradução no Brasil do livro Mulheres que correm com os lobos. **Mutatis Mutandis**, v. 7, n. 2, 2014.

ROMERO, Lis Doreto. Translatrix: mulher e tradução. **Revista** (Entre Parênteses), v. 2, n. 5, 2016. Disponível em: https://publicacoes.unifal-mg.edu.br/revistas/index.php/entreparenteses/article/view/556. Acesso em: 10 maio 2017.

SANTAEMILIA, José. Woman and Translation: Geographies, Voices, Identities. **MonTI3:** Monografías de Traducción e Interpretación, 2011. Disponível em: http://www.redalyc.org/articulo.oa?id=265119725001. Acesso em: 15 nov. 2015.

SCHÄFFER, Ana Maria de Moura. A tradução de gênero entre fal(t)as e excessos no imaginário de tradutoras brasileiras. **Revista Sínteses,** Campinas, 2010. Disponível em: http://revistas.iel.unicamp.br/index.php/sinteses/article/download/1200/1767. Acesso em: 15 abril 2019.

SHOWALTER, Elaine (ed.). **Speaking of gender**. New York: Routledge, 1989.

SIMON, Sherry. **Gender and Translation:** cultural identity and the politics of transmission. London: Routledge, 1996.

STANTON, Elizabeth Cady (1895). **The woman's Bible**. Biblioteca do Congresso dos E.U.A, 1999.

9 SOBRE O NOME E A NATUREZA DA TRADUÇÃO EM HOLMES: IMPLICAÇÕES PARA A PRÁTICA DE TRADUÇÃO[51]

Evelyn Thais de Almeida[52]

Introdução

A atividade de tradução é uma das mais antigas, contudo o desenvolvimento de teorias próprias, metodologias e instrumentos de pesquisa enquanto disciplina é fato recente. Até a primeira metade do século XX, as discussões sobre tradução eram encontradas quase que exclusivamente e de forma dispersa, em reflexões escritas pelos tradutores sobre as próprias traduções, registradas em prefácios ou outras formas de paratexto, a fim de apresentar impressões, relatos de experiências pessoais e explicações sobre formas de traduzir, com um enfoque predominantemente prescritivo. Cícero (106-43 a.C), S. Jerônimo (347-149), Martinho Lutero (séc. 16), George Chapman e Ben Jonson (séc. XVI-XVII), Abraham Cowley e John Dryden (séc. XXVII), Alexander Pope e Alexander Fraser Tytler (séc. XVII-XVIII), Friedrich Schleiermacher, August Wilhelm Schlegel, Wilhelm von Humboldt, Goethe, Arthur Schopenhauer e Matthew Arnold (séc. XX), todos tentaram entender o que era a tradução e o traduzir, além de buscarem respostas para um conjunto de novos problemas que emergiam no processo.

Revistas científicas se interessavam pelas ideias, principalmente aquelas vindas de escritores engajados em áreas já estabelecidas na época como Literatura Comparada ou Linguística. Em alguns casos, a tradução estava associada à área de ensino de línguas. "O exercício da tradução era associado como um meio de

---

[51] Este texto é resultado da minha participação no Grupo de estudo e pesquisa **GETI** (Grupo de estudo do Curso de Letras e Tradutor e Intérprete do UNASP – campus Engenheiro Coelho/SP).
[52] Graduada em Comunicação Social (Publicidade e Propaganda) pelo Centro de Ensino Superior de Maringá e em Tradutor e Intérprete, pelo Centro Universitário Adventista de São Paulo – UNASP – campus Engenheiro Coelho. Tradutora na área técnica, religiosa e educação. E-mail: evedealmeida@gmail.com

aprendizado de um novo idioma ou leitura de um texto em um idioma estrangeiro até se adquirir a habilidade linguística de ler o original" (MUNDAY, 2002, p.14, tradução nossa – t.n.)[53]. Isso justifica, em partes, as razões pelas quais a comunidade acadêmica considerava a tradução como secundária. Consequentemente, a tradução não era independente e estava sempre associada às outras disciplinas, daí sua posição como subdisciplina.

Porém, o paradigma se alterou e deve-se essa mudança ao acadêmico americano James S. Holmes (1994), ao defender que a tradução não poderia mais continuar a ser classificada como subdisciplina, ou seja dependente de outras disciplinas. Ela precisava se constituir como disciplina autônoma, emergente per se, ao impulsionar pesquisas próprias e promover seu ensino para todos. Para isso, era preciso criar modelos sistemáticos adequados que poderiam incorporar outros decorrentes de outras áreas, mas que atendiam às necessidades específicas dessa nova área.

Ao perceber a falta de canais de comunicação apropriados para o desenvolvimento de estudos mais sérios da tradução, Holmes põe em destaque a tradução no cenário acadêmico, quando em 1972 apresenta a palestra "O nome e a natureza dos Estudos da Tradução", no Terceiro Congresso de Linguística Aplicada, em Copenhagen. Considera-se sua apresentação como o ponto de partida para a estruturação da disciplina estudos da tradução que conhecemos hoje.

> Os canais que existem tendem ainda a se basear em disciplinas mais antigas (com suas normas correspondentes quanto a modelos, métodos e terminologia), de modo que os artigos sobre tradução se acham dispersos em publicações periódicas, numa variedade de campos de pesquisa e em revistas para tradutores em exercício. Evidencia-se a necessidade de outros canais de comunicação que vão além das disciplinas tradicionais e

---

[53] Translation exercises were regarded as a means of learning a new language or of reading a foreign language text until one had the linguistic ability to read the original

alcancem todos os pesquisadores da área, independentemente da sua origem (HOLMES, apud VENUTI, 2000, p. 173, n.t.)[54]

Este capítulo se propõe justamente a discutir e enfatizar a contribuição de Holmes para os estudos da tradução e como seus pressupostos teóricos se entrelaçam com a prática de tradução. Para uma organização mais didática, dividimos o texto em duas partes: na primeira, descrevemos os postulados de Holmes publicados por Venuti (2000), com destaque ao modelo descritivo das áreas que os estudos da tradução poderiam abarcar. Consideramos o diagrama criado por Toury (1995) como um "mapa" baseado na teoria de Holmes e sua versão traduzida por Zipser e Polchlopek (2008). Na segunda, discutimos a teorização do autor, buscando identificar correlação com as práticas que existem atualmente no ensino da tradução.

O nome e a natureza da disciplina sob a perspectiva de Holmes

James S. Holmes integra o grupo de teóricos europeus que estabeleceram um novo paradigma para o estudo da tradução em meados dos anos 1970. Americano residente na Holanda, Holmes é o fundador de um curso universitário em estudos da tradução, no Departamento de Estudos Literários, na Universidade de Amsterdam. Esse curso pretendia ser um curso teórico, focado na tradução literária, porém Holmes, desde o início, tentou encurtar a distância entre teoria e prática, separação existente desde a década de 1940, época em que os estudos da tradução foram introduzidos como assunto acadêmico (LEUVEN-ZWARTY; NAAIJKENS, 1991).

---

[54] The channels that do exist still tend to run via the older disciplines (with their attendant norms in regard to models, methods, and terminology), so that papers on the subject of translation are dispersed over periodicals in a wide variety of scholarly fields and journals for practising translators. It is clear that there is a need for other communication channels, cutting across the traditional disciplines to reach all scholars working in the field, from whatever background

O teórico percebeu desde o princípio que para desenvolver os estudos da tradução como disciplina autônoma e independente era preciso transpor algumas limitações impostas pelo contexto multidisciplinar em que o processo de tradução surgiu e amadureceu. A primeira delas era a falta de um canal de comunicação integrado. Pesquisadores e docentes provenientes de diversas áreas de conhecimento testavam seus próprios paradigmas e métodos com certo êxito, em algumas situações, porém em outras não.

Quando o resultado se mostrava insuficiente, sentia-se cada vez mais a necessidade de estabelecer novas alternativas para resolver o problema, aumentando a tensão entre pesquisadores e grupos de outras disciplinas. Isso levou, consequentemente, à necessidade de se ter outros canais de comunicação, conforme previsão de Holmes.

Os interessados sugeriam terminologias diversas, causando também a falta de consenso sobre o nome, o objetivo e a estrutura da disciplina. Especificamente sobre a escolha do nome, Holmes argumenta que houve algumas tentativas, mas que refletiam atitudes ou linhas de pesquisa de quem as indicava. Foi nessa direção que Eugene Nida (1964) sugeriu a palavra "ciência" como uma designação para a tradução no âmbito das investigações acadêmicas. Wolfram Wilss (1975), em pesquisas e publicações emprega em alemão a expressão equivalente "Übersetzungswissenschaft" (Estudos da tradução). Koller, Kade e Neuber também utilizaram o mesmo termo nas Universidades de Heidelberg e Leipzig. Brian Harris (1977) sugeriu tradutology [tradutologia] e da mesma forma Gerardo Vázquez-Ayora (1997), no espanhol. Outros termos foram sugeridos, como por exemplo, "translatistics" or "translistics", mas sem aceitação (VENUTI, 2000).

Holmes sugere o termo "estudos da tradução" como o mais apropriado, pois segundo ele, isso eliminaria a confusão e o mal-entendido que outros termos poderiam causar, além de refletir a natureza empírica da tradução. Essa natureza proposta por ele envolvia um duplo propósito: "(1) descrever os fenômenos do traduzir e da(s) tradução(ões) enquanto se manifestam no mundo da nossa experiência; e (2) estabelecer princípios gerais por meio dos quais esses fenômenos possam ser explicados e previstos" (VENUTI, 2000, p.176, t.n.)[55].

Essa visão de Holmes proporcionou inúmeras possibilidades de pesquisas a partir de seu modelo, pois os estudos da tradução, na visão de Pym (2010, apud E. C. GODARTH et al., 2016, p. 230), "devem ser uma disciplina descritiva empírica com uma organização hierárquica e um programa de pesquisa estruturado".

O modelo de Holmes

A versão publicada por Venuti (2000) da palestra de Holmes não contém um diagrama, mas posteriormente Gideon Toury (1995) apresentou versões dessa teoria em forma de diagrama, como vemos na figura 1.

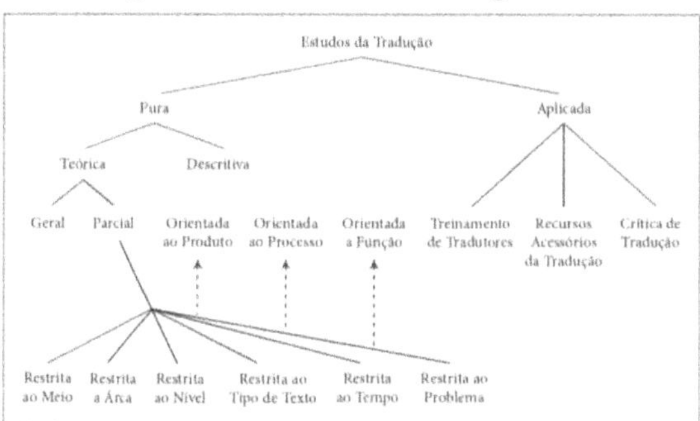

Fig. 1 – Modelo de Holmes para os estudos da tradução. (Fonte: MUNDAY, Jeremy. Introducing Translation Studies, 2002, apud. ZIPSER E POLCHLOPEK, 2008, p. 29)

Pesquisa pura

Segundo o modelo proposto, os estudos da tradução podem ser divididos em dois campos: o campo "puro" e o "aplicado". O campo "puro" da disciplina tem dois objetivos: (1) descrever os fenômenos empíricos dos estudos de casos;

---

[55] (1) To describe the phenomena of translating and translation(s) as they manifest themselves in the world of our experience, and (2) to establish general principles by means of which these phenomena can be explained and predicted

e (2) estabelecer "princípios gerais para explicar e prever tal fenômeno" (ZIPSER; POLCHLOPEK, 2008, p. 30). Duas ramificações dos estudos puros, relacionados a esses objetivos são os estudos descritivos da tradução (Descriptive Translation Studies –DTS), a descrição da tradução (Translation Description – TD) e os estudos teóricos da tradução (Theoretical Translation Studies – ThTS), ou teoria de tradução (Translation Theory – TTh).

Nos estudos descritivos da tradução há três tipos de pesquisa: o produto, a função ou o processo. A primeira delas, o produto, diz respeito à descrição de traduções individuais e existentes, com foco no texto; em seguida, é feita a análise comparativa entre o texto e suas traduções, na mesma ou em várias línguas (VENUTI, 2000). Já a pesquisa com foco na função analisa as traduções sob o ponto de vista do tempo e local em que foram feitas e quanto às influências que exercem (MUNDAY, 2002). Seria essa a área em que se aplicaria a Sociologia, pois a situação sociocultural seria a fonte primária, e o estudo do texto propriamente dito seria a fonte secundária (VENUTI, 2000). No terceiro tipo, a pesquisa centrada no processo, os estudos descritivos voltam-se para o ato tradutório em si. As análises seriam feitas sob a luz da Psicologia com o objetivo de desvendar quais conexões mentais o/a tradutor/a realiza ao traduzir algo. Por esse ângulo, Holmes sugere a possibilidade de criação de uma futura área de pesquisa nesse campo a que ele sugere denominar Psicotradução (Psycho-translation) (VENUTI, 2000).

Nos estudos teóricos, o objetivo foi analisar os resultados das descrições feitas, associá-los a outras informações e desenvolver princípios, teorias, metodologias específicas para a área de tradução. Existem dois tipos de estudos teóricos: os gerais e os parciais, conforme Holmes, referido em Munday (2002, p. 10): os primeiros referem-se aos escritos que "buscam descrever ou responder por todo tipo de tradução e realizar generalizações que serão relevantes para a tradução como um todo" (t. n.)[56].

Vale ressaltar que por muito tempo vários postulados e hipóteses se estabeleceram que, conforme Holmes (apud VENUTI, 2000), não poderiam ser considerados teorias acadêmicas, pois incluíam demasiadamente atos não tradutórios ou excluíam fenômenos tradutórios. Quanto aos estudos parciais, Holmes os dividiu em diversas especificidades que buscam explorar aspectos restritos e que influenciam o processo tradutório ou dele fazem parte. As subdivisões propostas para os estudos teóricos parciais são: meio, área, nível, texto ou discurso, tempo e problema.

Teorias restritas ao meio

No exame de Holmes, essas teorias dizem respeito ao meio utilizado para realizar a tradução: tradução humana, tradução automática ou de forma combinada à tradução assistida, ou seja, quando a tradução humana tem o suporte de ferramentas de auxílio (CAT tools), sem desconsiderar que a tradução humana se divide em escrita e oral (interpretação consecutiva e simultânea (MUNDAY, 2002).

Teorias restritas à área

São as pesquisas de línguas específicas ou grupos de línguas e culturas. Como no exemplo dado por Holmes (*apud* VENUTI, 2000), é possível realizar um estudo entre o francês e o alemão, ou mesmo entre línguas eslavas, românticas ou germânicas (grupos de línguas). Essas teorias estão relacionadas diretamente com a linguística contrastiva e estilística comparada (MUNDAY, 2002).

Teorias restritas ao nível

---

[56]"… seek to describe or account for every type of translation and to make generalizations that will be relevant for translation as a whole".

Essas teorias lidam diretamente com discursos ou textos como um todo, mas concentram-se em estudar níveis linguísticos, como o das palavras, dos grupos de palavras e das frases. Ligam-se diretamente ao desenvolvimento da análise de texto pela linguística textual que, segundo Munday (2002), era uma tendência na época em que Holmes sugeriu a subdivisão.

Teorias restritas ao texto ou discursos

Essas teorias tratam da tradução de tipos discursivos ou gêneros específicos, como textos literários, sagrados ou científicos. Holmes ao se referir aos critérios definitórios dos tipos textuais, destaca que além das classificações tradicionais de textos, as contribuições de Bühler[57] e dos estruturalistas da escola britânica forneceram os mais eficazes critérios de tipos de textos.

Teorias restritas ao tempo

Essas teorias se limitam à moldura específica de um tempo ou período, subdividindo-se em teorias relacionadas à tradução de textos contemporâneos e relacionadas a textos antigos. Para Munday (2002, p. 18), "a história da tradução se insere nessa categoria" (t.n.)[58].

Teorias restritas ao problema

São aquelas teorias que focam em um ou mais problemas da teoria geral da tradução e podem se referir a questões básicas como equivalência, ou a aspectos pontuais da tradução, como metáforas e nomes próprios.

Apesar da tentativa de Holmes de classificar as teorias, ele mesmo assume que algumas teorias restritas são apresentadas como teorias gerais, como aquelas restritas ao meio e à época, e reforça que as teorias restritas podem contribuir

---

[57] O austríaco Karl Bühler, pertencente ao Círculo de Praga, trouxe contribuições importantes sobre a língua, ao enfatizar sua "função" representativa (em alemão Darstellungsfunktion), que era a função exclusiva que o viés matemático, racionalista e objetivista de Saussure permitia ver, além das funções de exteriorização ou manifestação psíquica e de apelo percebidas simultaneamente nos atos concretos de sua realização, em qualquer momento histórico (CAETANO, 2011, p. 52).
[58] The history of translation falls into this category.

para a teoria geral. Porém, é preciso manter a teoria geral, e seria ilusório acreditar que as teorias restritas e gerais desempenham papéis iguais (HOLMES, apud VENUTI, 2000). Cintrão (2017, p. 21), com base em Holmes, amplia as considerações do teórico quanto às teorias e suas restrições. Para ela:

> Teóricos da linguística contrastiva provavelmente produzirão teorias tradutórias que não serão restritas apenas às línguas envolvidas, mas também a um nível e a uma época, lidando com a tradução entre pares linguísticos específicos de dialetos contemporâneos, no nível da oração. Teorias elaboradas por literatos geralmente são restritas ao meio e ao tipo textual, e no geral também a um grupo cultural: normalmente trabalham-se textos escritos no interior da literatura ocidental.

Do outro lado do mapa, encontramos o campo dos estudos aplicados que estão subdivididos em: formação de tradutores, desenvolvimento de ferramentas de assistência à tradução e críticas e políticas de tradução. Holmes enfatiza que se os estudos do tipo "aplicado" forem plenamente desenvolvidos, é possível expandir essa área. Conforme a figura a seguir, Zipser e Polchlopek (2008) traduziram a extensão do diagrama proposto por Munday (2002), baseado na teoria de Holmes:

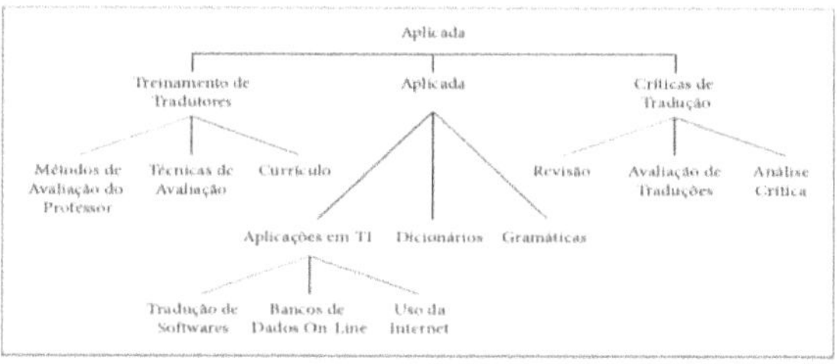

Fig. 2 – Modelo de Holmes para o ramo 'Aplicado' dos Estudos da Tradução (MUNDAY, Jeremy, 2002, apud ZIPSER e POLCHLOPEK, 2008, p. 32).

Treinamento de tradutores

A pesquisa aplicada nesse campo engloba a tradução e o ensino, tanto a tradução e o ensino de idiomas, quanto a formação de tradutores. Nesse último caso, Holmes levanta uma série de questões como métodos de avaliação do ensino, técnicas de avaliação do aluno e planejamento da estrutura curricular. Ele classifica essa área como a principal entre as pesquisas dos estudos aplicados da tradução (VENUTI, 2000).

Estudos aplicados da tradução

Esse campo refere-se à necessidade de ferramentas para traduzir. Holmes articula a separação em duas classes: suporte lexicográfico e terminológico (os dicionários e glossários) e as gramáticas voltadas para a tradução. Para Holmes (VENUTI, 2000), essas ferramentas deixam a desejar. "Parece necessário que os pesquisadores em estudos aplicados da tradução esclareçam e definam os requisitos específicos a que esse tipo de apoio deveria atender e se supre as necessidades de tradutores em exercício e futuros profissionais" (HOLMES, apud VENUTI, 2000, p. 182, t. n.).

Não há evidências documentais no material de Venuti (2004) de que Holmes tenha inserido uma terceira ferramenta de apoio aos tradutores. Entretanto, Munday (2002) inclui a aplicação das Tecnologias de Informação em seu diagrama, inserindo softwares de tradução, bases de dados on-line e uso da internet.

Políticas de tradução

O papel dos estudiosos nessa área é definir e esclarecer questões relativas ao papel do tradutor, da tradução e do ato de traduzir na sociedade como um todo. As perguntas que caberiam ser respondidas quanto às políticas de tradução seriam como determinar quais trabalhos precisam ser feitos em certos contextos socioculturais, qual posição econômica e cultural os tradutores devem ocupar e/ou qual é o papel do ato de traduzir no ensino e aprendizado de idiomas (VENUTI, 2000). Sobre essa última questão, Holmes defende a realização de vastas e rigorosas pesquisas para avaliar a eficácia de traduzir como técnica e método de avaliação na aprendizagem de idiomas. Podemos dizer que "as chances de ser ineficaz parecem ser tão grandes que, nesse caso, seria inevitável que a pesquisa de programas fosse precedida por uma pesquisa de políticas" (HOLMES, *apud* VENUTI, 2000, p.182, t. n.)[59].

Críticas de tradução

A quarta e última área dos estudos aplicados da tradução refere-se às críticas de tradução; são elas as avaliações, revisões e críticas de tradução. No período em que Holmes postulou essa divisão, faltava, segundo ele, uma avaliação da tradução sob a perspectiva de uma análise objetiva que revelasse atitudes intuitivas e impressões críticas. Entretanto, Holmes sugere um contato mais próximo entre teóricos e críticos de tradução para reduzir o elemento subjetivo a um nível mais aceitável (VENUTI, 2000).

Em suma, Holmes estabeleceu relações dialéticas, aproximando o ensino e os programas de pesquisa nas universidades, que conforme Kitty M. van Leuven-Zwart, Ton Naaijkens (1991), levaram à melhoria da eficácia e eficiência do ensino da tradução. Outra dicotomia vista em seus estudos é a relação de estudos da tradução do tipo "puro" e aplicado. Conforme os autores acima, a relação não é hierárquica, mas dialética, pois "Holmes cria bases fortes de cooperação e interação entre as duas abordagens" (LEUVEN-ZWART; NAAIJIKENS, 1991, p. 9, t. n.)[60] e ambas as áreas precisam ser trabalhadas continuamente.

Além disso, outra relação estabelecida é feita entre os estudos descritivos, teóricos e aplicados. Eles foram apresentados como se só os estudos descritivos fornecessem elementos para a construção de teorias ou como se só duas áreas gerassem resultados. Entretanto, o próprio estudo aponta para a relação

---

[59] [...] The chance that it is not efficacious would appear to be so great that in this case it would seem imperative for program research to be preceded by policy research

[60] Holmes also creates a firm basis for cooperation and interaction between both branches.

bidirecional entre esses três campos; são interdependentes e qualquer um deles pode gerar elementos e fazer uso dos resultados encontrados (VENUTI, 2000). Cintrão (2017, p. 23), ao traduzir as afirmações de Holmes (apud VENUTI, 2000, p. 183)[61], assim se expressa: "A teoria da tradução, por exemplo não pode prescindir dos dados oferecidos pela pesquisa descritiva e aplicada, e por outro lado não é possível sequer começar a trabalhar em um dos dois outros campos sem ter pelo menos uma hipótese teórica intuitiva como ponto de partida".

As reflexões de Holmes alcançaram o estatuto de fundadoras dos estudos da tradução no século XX, lançando bases para uma teoria específica e abrangente e para pesquisas práticas na época em que postulados, metodologias e instrumentos de pesquisa só provinham de campos de saberes, como filosofia, estudos literários, linguística e antropologia.

A partir de Holmes, o objeto de investigação da tradução teve seu sentido ampliado e apto para atender a natureza do ato tradutório e da tradução em diversas linhas do pensamento tradutológico, tornando-se ramos teóricos sistematizados. Tentou-se estabelecer certa relação com áreas afins, porém estabeleceram-se limites com o saber gerado nesse recém-demarcado território.

Em contrapartida, viu-se que a estrutura problematizada no artigo "O nome e a natureza dos estudos da tradução" não se limitou a um tipo de texto específico ou a uma única abordagem teórica, ficando claro que só é possível lidar com a complexidade da tradução se tivermos um ponto de vista interdisciplinar (ZWART; NAAIJKENS,1991). Teóricos como Bassnett e Lefevere (1990), citados em Martins (2010, p. 60) destacam que o reconhecimento da disciplina da tradução como autônoma "é uma história de sucesso dos anos 1980". Na apresentação da primeira edição de "The Routledge Encyclopedia of Translation", Mona Baker também exalta a riqueza da "nova disciplina, como a

---

[61] Translation theory, for instance, cannot do without the solid, specific data yielded by research in descriptive and applied translation studies, while on the other hand one cannot even begin to work in one of the other two fields without having at least an intuitive theoretical hypothesis as one's starting point.

disciplina dos anos 1990 (BAKER; MALMKJÆR, 1998, *apud* MUNDAY, 2002, p. 10). Certamente as ideias de Holmes influenciaram o pensamento contemporâneo sobre a tradução e contribuíram para o sucesso da atividade.

Tento em vista a evolução dos estudos da tradução, é possível incluir nesse modelo novas áreas além das já citadas por Holmes. O autor menciona uma possível inserção da dimensão histórica e suas subdivisões no modelo, como: história das teorias da tradução, história dos estudos descritivos, história dos estudos aplicados da tradução. A dimensão metodológica ou meta-teórica também é outro campo sugerido. A proposta aqui seria levantar quais os melhores métodos e modelos para a pesquisa da disciplina, como as teorias da tradução poderiam ser elaboradas para atingir uma validade ainda maior, ou quais métodos analíticos poderiam ser usados mais eficientemente para atingir resultados descritivos mais objetivos e eficientes (HOLMES, *apud* VENUTI, 2000). Entretanto, Holmes não esclarece em quais áreas essas dimensões poderiam se encaixar.

Com o pressuposto de incorporar novas áreas ao mapa de Holmes, Munday (2002) destaca a falta de estudos audiovisuais nas teorias restritas ao meio, e também a ausência de um estudo sobre os tradutores. Pois os modelos de Holmes concentram-se em estudos de textos e sistemas, mas não em pessoas (PYM, 2010, *apud* E. C. GODARTH *et al.*, 2016). Para Pym, falta o fator subjetivo, ou seja, "o mapa de Holmes omite toda menção ao estilo individual, à tomada de decisão e à prática dos tradutores no processo de tradução" (PYM, *apud* MUNDAY, 2002, p. 20)[62].

---

[62] Holmes's map omits any mention of the individuality of the style, decision-making and working practices of human translators involved in the translation process.

Estratégias pedagógicas no processo de formação de tradutores e intérpretes

O mapa de Holmes, não só sistematizou o conjunto de ramos do saber que o ato de traduzir e a tradução envolvem, mas também instigou o debate sobre o ensino da tradução que ainda não possuía uma tradição acadêmica e pedagógica. Professores e pesquisadores se debruçam no tema à procura da metodologia ideal de ensino da tradução na preparação de um currículo escolar consistente, para tentar encontrar o ponto de equilíbrio entre teoria e prática em um contexto histórico e mercadológico que reforça, muitas vezes, a supremacia da prática exaustiva da tradução, negando o viés teórico.

Isso nos remete à afirmação de Geir Campos (1986, p. 15), quando diz que traduzir se aprende traduzindo, da mesma forma que nadar se aprende nadando, como se a experiência fosse absoluta e a pesquisa e o conhecimento desnecessários para a formação profissional dos tradutores. Quando comparamos os postulados de Holmes com os de Geir Campos, percebe-se que ambos seguem em direções contrárias, pois as elaborações teóricas e metodológicas de Holmes indicam ser possível alinhar teoria e prática de tradução e interpretação no processo de formação de tradutores e intérpretes.

Análise textual do texto-fonte

Há variadas estratégias pedagógicas para o ensino de tradução e interpretação e uma delas, a análise textual do texto-fonte está alinhada aos estudos da tradução do tipo descritivo, postulados por Holmes. Essa estratégia consiste em examinar aspectos sintáticos, semânticos e estilísticos, a fim de preparar os discentes para a tradução em si; conforme veem Zipser e Polchlopek (2008, p. 33), "presume-se que o processo de encontrar soluções adequadas para a tradução seja mais fácil", quando nos preocupamos em nos aprofundar nos aspectos textuais.

Comparação de traduções com o seu texto-fonte e comparação de traduções e textos não traduzidos

Outras duas estratégias focadas no texto e alinhadas aos preceitos de Holmes (*apud* VENUTI, 2000) são: a comparação de traduções com o seu texto-fonte e comparação de traduções e textos não traduzidos – corpora. A primeira delas consiste em trabalhar várias traduções de um mesmo idioma ou idiomas diferentes de um mesmo texto-fonte e antes de trabalhar a estratégia, determinar se o que se pretende estudar, é, por exemplo, emprego de dialetos, usos comuns da voz ativa/passiva, entre outros. Para Zipser e Polchlopek (2008. p. 33), quando se determina antes o que se vai analisar quanto a esses elementos, o objetivo é: "[...] encontrar padrões de correspondência entre os textos, podendo o pesquisador estudar possíveis regularidades no comportamento do tradutor ou princípios gerais que determinem até que ponto determinados aspectos podem ser traduzidos em determinadas condições".

Quanto à segunda estratégica, compara-se o texto traduzido com um conjunto de textos escritos originalmente nesse mesmo idioma, chamados de "corpora comparáveis". Corpus, no plural corpora, é "o conjunto de textos utilizados em pesquisas linguísticas e de tradução" (*idem*) e a partir deles é possível comparar o quanto a tradução difere de textos escritos na língua-alvo.

Tradução comentada

Chamada também de tradução anotada (ZIPSER; POLCHLOPEK, 2008), essa estratégia busca analisar o texto, enquanto são apontadas quais soluções foram encontradas para resolver certo tipo de empasse tradutório.

Tradução de gêneros textuais

A tradução de gêneros engloba os estudos de textos específicos como o drama, poesia, prosa de ficção, literatura infantil, textos religiosos, de turismo, técnicos, multimídia e documentos legais. Professores que utilizam essa estratégia

ajudam os discentes a desenvolverem a análise de elementos que não devem ser
ignorados no processo de tradução desses tipos de texto. Por exemplo, segundo
Zipser e Polchlopek (2008), ao traduzir um drama, é preciso considerar se a peça
será lida ou encenada. Já ao se trabalhar com tradução de poesias, é preciso incluir
a análise das métricas, rimas, cadências e ritmos etc. que esse tipo de gênero pede.
No caso da tradução de literatura infantil quem vai traduzir precisa antes
considerar quem serão os leitores-alvo: se adulto ou a própria criança. Já quanto
aos textos religiosos, a sugestão para a prática de tradução é dar atenção
aprofundada aos contextos históricos e culturais em que os textos foram escritos.

Terminologia teórica e aplicada

Essa estratégia relaciona-se ao estudo de tipologias com o objetivo de
auxiliar os alunos no reconhecimento de termos especializados e análise do seu
comportamento em diferentes idiomas. Além das contribuições de se trabalhar
teorias de texto e de discurso sob o enfoque linguístico, Krieger (2006) descreve
que essa estratégia se relaciona à elaboração de "produtos terminográficos", como
por exemplo: glossários, dicionários técnicos e bancos de dados terminológicos e
recuperação de registros de terminologia seguidos de suas designações
correspondentes na área em tradução.

Considerações finais

O propósito do texto foi trazer as implicações da proposta de Holmes
quanto à nomenclatura e à natureza da tradução, além de sua importância e
aplicação de sua proposição nas práticas de tradução. O que podemos apreender
a partir das considerações de vários autores sobre o mapa de Holmes é que ele
foi importante para o momento de definição que se encontrava a área de tradução,
tendo em mente que a apresentação do material se deu já no início da década de
1970. Se pensarmos que na época as discussões sobre tradução se pautavam no
paradigma da ciência linguística, não podemos jogar pedras em Holmes, mas

louvar a sua pesquisa e as implicações resultantes de seu modelo, pois o teórico e linguista é importante para os primórdios das teorizações sobre tradução, porque foi o primeiro a estabelecer Estudos da Tradução Descritivos. Até então, não havia nada parecido com isso, nas pesquisas sobre teorias de tradução.

No entanto, consideramos pertinente enfatizar que, apesar de seu valor, enquanto introdutor de um mapa descrevendo os processos de tradução, sua proposta teórica, dado o período em que foi elaborada, segue o paradigma da ciência linguística; talvez por isso, o autor atribui pouco ou quase nenhum valor aos elementos contextuais e pragmáticos. Na mesma direção, identificamos que ao se se preocupar em mapear o campo da tradução como ciência, Holmes procedeu a divisões entre Estudos de Tradução Puros e Aplicados, o que por si desde o início pressupôs uma dicotomia entre teoria e prática (ZEYNALZADEH, 2018).

Ademais, o modelo de Holmes parece deixar de lado perspectivas quanto à individualidade do estilo, a tomada de decisão por parte de quem traduz, da mesma forma que se afasta de questões históricas que permeiam toda a tradução, sejam aspectos teóricos, sejam de natureza prática. Ao lermos o seu artigo, por outro lado, identificamos que isso foi proposital, pois o próprio autor indica no texto que não abordou com profundidade esses tópicos, por considerar a existência de pesquisas já realizadas nessa direção (HOLMES, 1994).

Retomando os pressupostos sobre a prática de tradução, os direcionamentos sugeridos por Holmes se servem mais para descrever de fora do texto o que acontece na tradução que para pensar nos processos pelos quais quem traduz está em constante caminhar, pois seu modelo carece de aplicação consistente dos critérios indicados para a tradução. Por outro lado, sua abordagem descritiva é importante para o ensino de tradução, pois os futuros profissionais de tradução, em fase de formação, devem ser expostos a diferentes abordagens de tradução inspiradas em diferentes modelos teóricos e a eles ligados. Com isso, os estudantes se familiarizam e aprendem a teoria na aplicação prática, além de aguçarem seu senso crítico quanto à flexibilidade que devem ter ao entrarem em contato com diferentes textos durante o processo de tradução.

Referências

CAETANO, Marcelo Moraes. **Gramaticalização** – De Meillet aos dias contemporâneos: parâmetros para uma pesquisa sob perspectiva pancrônica. (2011). Tese (Mestrado). Disponível em: http://www2.dbd.puc-rio.br/pergamum/tesesabertas/0912651_11_pretextual.pdf. Acesso:16 de abril de 2019.

CINTRÃO, Heloísa Pezza. Introdução aos Estudos Tradutológicos. Apresentação. (2017). Disponível em: https://www.researchgate.net/publication/299960179_O_nome_e_a_natureza_dos_estudos_do_tradutor. Acesso: 10 de março de 2019.

CAMPOS, GEIR. **O que é tradução**. São Paulo: Brasiliense, 1986.

GODARTH, Eduardo César; N'GANA, Yéo; SANT'ANNA, Bernardo. Exploring Translation Theories de Anthony Pym. Florianópolis. **Cadernos da Tradução,** v.36, p. 214-317, 2016.

HOLMES, James S. The Name and Nature of Translation Studies. In: VENUTI, Lawrence (ed.). **The Translation Studies Reader**. Londres e Nova York: Routledge, 2000.

HOLMES, James S. The Name and Nature of Translation Studies. In: HOLMES, James S., **Translated! Papers on Literary Translation and Translation Studies**, 2ª ed. Amsterdam and Atlanta: Editions Rodopi, 1994.

KRIEGER, Maria da Graça. Do Ensino da Terminologia para Tradutores: Diretrizes Básicas. **Cadernos de Tradução**, Florianópolis, v.1, n.17, 2006.

LEUVEN-ZWART; KittyM.; NAAIJKENS, Ton; NAAIJKENS, Antonius Bernardus Maria. **Translated!:** Papers on Literary Translation and Translation Studies. (1991). Disponível em: https://books.google.com.br/books?printsec=frontcover&vid=ISBN9051832575&redir_esc=y#v=onepage&q&f=false. Acesso: 26 de março de 2019.

MARTINS, do Amaral Peixoto Martins. As Contribuições de André Lefevere e Lawrence Venuti para a Teoria da Tradução. **Cadernos de Letras**, Rio de Janeiro, n. 27, 2010. Disponível em: http://www.letras.ufrj.br/anglo_germanicas/cadernos/numeros/122010/textos/cl301220100marcia.pdf. Acesso: 16 de março de 2019.

MUNDAY, Jeremy. **Introducing Translation Studies**: Theories and Applications. 2002. Disponível em: http://cw.routledge.com/textbooks/translationstudies/data/samples/9780415 584890.pdf. Acesso: 02 de abril de 2019.

TOURY, Gideon. **Descriptive Translation Studies and beyond**. Amsterdan/Philadelphia: John Benjamins, 1995.

VENUTI, Lawrence. (ed.). **The Translation Studies Reader**. Londres e Nova York: Routledge, 2000.

ZEYNALZADEH, Poorya. The Name and Nature of Translation Studies by James S. Holmes. **Dilmanj Blog**: The Convention of Traitorous Translators, 2018. Disponível em: https://dilmanj.com/introducing-translation-studies/name-nature-translation-studies-james-holmes-summary/. Acesso: junho 2019.

ZIPSER, Meta Elisabeth; POLCHLOPEK, S. A. **Introdução aos Estudos da Tradução** - Letras Espanhol. Florianópolis: Setor Técnico da Biblioteca Universitária da Universidade Federal de Santa Catarina, 2008. v. 1.

10 AS TEORIAS DE TRADUÇÃO NA PRÁTICA DE INTERPRETAÇÃO DE LIBRAS[63]

Wilson Sant'Anna Junior[64]
Gabriel Malta Cardoso de Andrade[65]

Introdução

Entender os fios que conectam as estipulações teóricas e científicas advindas do estudo da tradução com o trabalho dos tradutores e intérpretes de LIBRAS exige, antes que qualquer afirmação possa ser feita, um afastamento da compreensão linguística verbal em prol da conscientização dos pesquisadores a respeito do que define as línguas de sinais. Kahmann ressalta que, apesar de não ser o instrumento pelo qual as minorias se munem de voz, a tradução "faz com que o discurso delas seja compreendido pelos demais" (KAHMANN, 2010, p. 72); no que diz respeito às línguas de sinais, a necessidade de compreensão do discurso minoritário por intermédio tradutório não advém somente de um questão política ou patológica, mas sobretudo de uma motivação cultural que, abafada pela maioria ouvinte e pela comodidade do estudo das línguas verbais, recorre a teorizações muitas vezes excludentes para munir de fundamento científico seu principal facilitador – o intérprete.

Desprovidos de uma ciência que lhes confira representatividade acadêmica e reconhecimento, os processos de transferência linguística e cognitiva executados pelos intérpretes de Libras são deixados à mercê de órgãos públicos que banalizam sua teoria, calcando seus princípios em paradigmas exteriores à realidade linguística e generalizando suas bases práticas. Isso perpetua a exclusão

---

da modalidade gestual no mundo linguístico e dificulta a produção de material que supra as necessidades encontradas pelos pesquisadores que se esforçam com o intuito de dar maior visibilidade para o estudo das línguas gestuais no Brasil.

A partir dessa constatação, o capítulo tem por objetivo destacar a importância de se refletir sobre a Libras sob a perspectiva dos estudos da tradução e interpretação, a partir da pesquisa bibliográfica que direciona os estudos sobre a atuação do intérprete de LIBRAS, sua formação e, principalmente, as bases teóricas que legitimam seu trabalho, com enfoque nas variáveis que levam os pesquisadores a utilizarem as teorias de tradução vigentes como base para o estudo do processo tradutório na Libras.

As línguas de sinais e os procedimentos tradutórios

De modo análogo às línguas orais, os conjuntos de gestos que formam o arcabouço linguístico das línguas gestuais se manifestam naturalmente dentro das comunidades que os utilizam. Desse modo, a Libras, como o português brasileiro, teve seu berço na necessidade de comunicação de um povo, determinada culturalmente por costumes e convenções interpessoais. Como afirma Rosa (2005, p. 20), as línguas de sinais são "naturais, existem de forma natural e partilham uma série de características que lhes atribuem caráter específico e as distinguem dos demais sistemas de comunicação não-verbal".

No mundo das línguas naturais, já desenvolvidas e com sua complexidade, as diferentes culturas irão cunhar modos distintos de se expressar gestualmente. Ainda que utilizem a mesma língua oral, o terreno para se conceber a noção de tradução e interpretação no compartilhamento de ideias entre polos culturais diferentes já está estabelecido. Na historiografia da Libras, a figura mediadora de quem vai fazer a tradução interpretativa foi sempre central aos estudos dessa modalidade linguística, uma vez que raramente se imagina comunicação entre grupos surdos e ouvintes sem a existência desse terceiro canal.

Entretanto, o reconhecimento da Libras por aqueles que a utilizam não deve se prender a um nível que remonte às generalizações do senso comum, mas, em vez disso, se apoiem em propostas teóricas que façam os intérpretes se sentirem "envolvidos com seu fazer, com os problemas decorrentes da atividade concreta de interpretar" e que estes possam "se apropriar do fazer ciência e produzir conhecimento" (ALBRES, 2012, p. 18).

Para reconhecer o tipo de conhecimento que os intérpretes de Libras precisam ter para se envolverem, de forma científica, com a sua atividade, é necessário compreender o que a Libras exige dos profissionais que realizam a interpretação. Os pontos de divergência entre o que se entende por teoria da tradução das línguas orais e das línguas gestuais precisam ser destacados, pois as línguas gestuais trabalham com aspectos estruturais de cunho morfológico, fonológico e pragmático distintos dos que se refletem naquelas da modalidade verbal.

Partindo dos procedimentos técnicos de tradução delineados por Barbosa (1990), Santiago (2012) realiza uma extensa pesquisa, em que, através da utilização de um corpus de traduções Português-LIBRAS, busca exemplificar a aplicação da teoria dos procedimentos técnicos da tradução na modalidade gestual. Dentre todos os procedimentos analisados, chama a atenção aqueles referentes à transferência e à explicação, que muitas vezes aparecem juntos. Os intérpretes de Libras, ao se deparar com uma limitação cultural no vocabulário da língua gestual, frequentemente necessitará se valer, mesmo que inconscientemente, da transferência, definida como o ato de "introduzir material textual da língua de origem no texto da língua de tradução" (BARBOSA, 1990, p. 71).

Conforme pontua Santiago (2012), esse procedimento consiste basicamente em sinalizar as letras do vocábulo, originalmente em português, na Libras. Apesar de existirem diversas combinações de procedimentos que podem ser usadas durante o ato tradutório, a união da explicação com a transferência parece ser especialmente proeminente dentro da atuação do intérprete de língua de sinais (ILS), o que pode ser justificado pela própria demanda da comunidade pela para a qual se faz a interpretação:

> Durante a interpretação, não raro, o ILS é interpelado pelo surdo, que solicita esclarecimento sobre um sinal desconhecido. Normalmente, o intérprete faz a opção por explicar o significado do referido sinal ou palavra que possa ter sido soletrada por meio do alfabeto manual (datilologia) (ROSA, 2005, p. 120).

A intervenção do surdo no processo de interpretação representa uma necessidade da utilização racional de certos procedimentos tradutórios como a explicação, que seriam vistos como desnecessários em outros cenários de interpretação, uma vez que esses possuem uma organização interna distinta daquela com a qual o ILS lida. Diferentemente da atuação rotineira do intérprete da modalidade verbal, cujo trabalho se distancia de seus ouvintes, o ILS, especialmente devido a sua aproximação do movimento político-social da própria comunidade surda, envolve-se muito mais com aqueles a quem interpreta. Ao ser a ponte que transporta a voz das minorias até o mundo, o ILS é levado a entender as dificuldades e disparidades existentes entre o conceito de mundo da comunidade surda, quando comparado àquele dos ouvintes e, por conseguinte, torna-se mediador dessas situações distintas, cuja realização depende do uso consciente dos procedimentos de tradução, ainda que esses sejam atrelados especificamente aos padrões das línguas orais.

A situação patológica da surdez faz com que o ILS tenha de utilizar recursos concretos em vez de abstratos e generalizados, em vez de específicos, o que corrobora a utilização de certos procedimentos que se distanciam de uma interpretação literal e se aproximam da noção de equivalência. Santiago (2012) delineia, dentre as técnicas apresentadas por Barbosa, o recurso conhecido como adaptação, que é de utilização praticamente obrigatória quando se lida com a representação de sentidos e de construções que fogem do imaginário linguístico da Libras.

Barbosa (1990, p. 76) define a adaptação como sendo "o limite extremo da tradução: aplica-se em casos onde a situação toda a que se refere o texto da língua de origem não existe na realidade extralinguística dos falantes da língua traduzida". Na modalidade gestual, corresponde a mudanças de equivalências feitas a fim de se adequar o enunciado, culturalmente marcado por traços ouvintes, ao arcabouço semântico-pragmático do surdo. Santiago (2012) traz os exemplos dos verbos "ouvir" e "falar", exteriores à realidade da comunidade surda e que, em Libras foram traduzidos respectivamente como "atenção" e "explicar". É possível que existam outras possibilidades de interpretação, afinal, muitos são os contextos e as particularidades que perpassam o trabalho tradutório, mas é evidente que para se produzir algo que seja entendido pelo surdo, o mediador não deve partir do pressuposto de que seu interlocutor e seu público compartilhem da mesma visão de mundo, a despeito do que o senso comum e a desvalorização da profissão podem vir a pregar, como bem indica Rosa (2005, p. 81): "Os obstáculos à possibilidade de traduzir não devem ser procurados na convergência ou na divergência das línguas mas na possibilidade de encontrar formulações equivalentes a sentidos das mensagens".

Embora muito úteis para a formação do aparato técnico do intérprete, ainda faltam estudos mais aprofundados sobre a relação entre a Libras e os procedimentos de tradução, especialmente no que diz respeito ao caráter único de certos componentes linguísticos das línguas de sinais que não chegam a ser contemplados inteiramente pelas teorias de tradução vigentes (dentre eles, pode-se citar a noção de classificadores e toda a construção da fonologia da língua de sinais, que se dá de forma bastante distinta daquela das línguas orais).

Da mesma forma como a Libras se mune de elementos linguísticos espontâneos e originais, a teoria que contempla seus processos de tradução não pode vir a desconsiderá-los em favor das regras orais, mas sim, aproveitar o que delas pode ser retirado e construir novas postulações levando em conta as peculiaridades de sua modalidade.

As teorias de tradução e interpretação aplicadas à Libras

A concepção de tradução em si é a de transporte de uma mensagem de uma determinada língua a outra, sendo os tradutores os agentes mediadores, ou seja, pontes que conectam quem emite e quem recebe a mensagem no processo de comunicação. Esse ato só pode ser considerado como tendo sucesso se houver compreensão do enunciado por quem a recebe, ou seja, só então processa-se a legitimação da mensagem.

Se o produto final é incompreensível, de nada valeu a tradução, pois o texto de partida também o é. Além de ter como resultado de sua prática a compreensão da mensagem, é dever dos intérpretes não a contaminar, pois não é seu papel interferir ou debater sobre o que é dito. A própria subjetividade de quem traduz e interpreta impacta consciente ou inconscientemente o processo e os envolvidos nunca conseguirão dela escapar. Daí ser impossível se reproduzir a noção tradicional de que o ofício tradutório seja uma mera transposição de palavras equivalentes.

Já é cansativa a ladainha de que quem traduz precisa conhecer e considerar as culturas, visões de mundo, expressões idiomáticas e formas de construção de cada língua, visto que o pressuposto da equivalência não dá conta de parear as línguas, por mais próximas que sejam. Quem traduz está sempre fazendo escolhas entre o que julga caber melhor em determinado espaço e o que não é apropriado. Na interpretação de Libras, isso se complica ainda mais, por conta de os profissionais não terem tempo hábil para fazer escolhas e julgamentos.

Obviamente, isso interfere na qualidade e no resultado final da interpretação. Em se tratando das línguas de sinais, a tradução se dá de forma ainda mais específica e multifacetada, pois além de se tratar de um serviço prestado a uma minoria, muitas vezes menosprezada, a dependência dos surdos dos intérpretes de Libras é muito mais sentida e necessária que no caso das línguas orais. Nesse sentido, da capacidade do intérprete de Libras depende a comunicação dos surdos, visto ser a transposição de uma modalidade oral-auditiva para uma espacial-visual, dificultando a própria noção de proficiência em Libras. Para Pereira (2008) citado em Aquino Albres e Aquino Albres Santiago, 2012, p. 80), a proficiência

> abrange não só um conjunto de competências [...], aspectos motores e de fluência como também um conhecimento metalinguístico e o uso apropriado desse conhecimento com outros falantes, em contexto sociocultural, considerando a imagem que ele tem de si e do outro e as reações que tem ao interpretar as intenções do interlocutor.

Uma das maiores dificuldades no tocante à interpretação em Libras jaz na questão de seu aprendizado. Diferentemente das línguas orais, que podem ser aprendidas naturalmente, o indivíduo que nasce fora de uma família ou comunidade surda, não tem um ensino formalizado da língua de sinais. Apesar da existência de uma larga gama de modalidades e localidades de aprendizado como os "cursos tecnológicos de tradução de libras, cursos de graduação em Letras-Libras, curso de extensão universitária, cursos de capacitação [...] ou cursos de pós-graduação" (ALBRES, 2012, p. 16), a maior parte da construção do arcabouço linguístico dos surdos acontece fora da escola, em um ambiente de práticas autênticas e criativas, além do contato com a comunidade surda.

Outro aspecto a se destacar são as variações regionais da Libras, que extrapolam aquelas que ocorrem com os sotaques da língua oral portuguesa, cujo ensino é formal e os aprendizes podem ter sua proficiência verificada com mais facilidade, por métodos padronizados e válidos, em qualquer que seja a região onde a língua oral é falada. Há muito mais segurança no trabalho do intérprete oral de uma língua verbal do que no do ILS, já que o desconhecimento das variantes da Libras pode causar problemas na comunicação, ou impedi-la por completo, fazendo que seja necessário que os intérpretes possuam conhecimento suficiente não só da norma padrão das línguas com que trabalham, mas também de todas as variantes locais com as quais atuam, o que é uma exigência quase impossível de ser atendida, pois essas variações podem ser muito mais individualizadas, no caso de interlocutores surdos.

Em se tratando de interpretação de Libras, Miranda (2001, *apud* Rosa, 2005) coloca que, nos casos em que pais surdos têm filhos ouvintes, é quase que inevitável que as crianças cresçam se constituindo intérpretes não só da família, mas também de todo o contexto local surdo que lhes rodeia.

Miranda também apresenta dados interessantes a respeito do trabalho e origem dos intérpretes de Libras. Conforme seus relatos históricos, desde o início da década de 1980, os melhores ILS, desconsiderando os já mencionados filhos de pais surdos, têm surgido de instituições religiosas e, a partir dessa experiência, os ILS seguem para outras áreas, incluindo a educacional; no entanto, sua presença ainda é vista como uma concessão, um favor do estado, e não como uma obrigação, um dever.

No momento, a visão que se tem do ILS é que se trata de um "direito conquistado pelos próprios surdos de compreenderem, e serem compreendidos, pela comunidade ouvinte, ou como resultado dos movimentos das comunidades surdas frente à sua educação" (ROSA, 2005, p. 20); seu trabalho não se resume a simplesmente levar a mensagem do emissor ao surdo, mas também explicar detalhes e conceitos, o que os intérpretes de línguas verbais normalmente fariam por meio de explicitações, enquanto os tradutores de textos escrito o fariam em notas de rodapé. Por conta disso, o ILS, em geral, deve ser uma pessoa de confiança da comunidade surda, para que sua "fala" não seja questionada, deixando a comunidade surda vulnerável.

Retomando a ideia de que a Libras exige mais explicações durante o processo de interpretação que as línguas orais, o ILS tem a opção de explicar conceitos conforme interpreta, o que toma certo tempo, ou ele pode escolher não explicar e assumir que a comunidade surda já tem conhecimento do que foi dito. Nota-se que através das colocações sobre o lugar dos intérpretes de Libras e do papel que exercem, o ato tradutório vinculado à Libras, em geral se estende para além dos fatores extralinguísticos principais que as correntes teóricas de tradução costumam ressaltar.

Para uma execução bem-sucedida da interpretação em Libras os profissionais intérpretes precisam estar conscientes de sua função como mediadores, cujas exigências têm fundamentos de cunho muito mais político do que propriamente linguístico. Uma vez compreendendo as aplicações da teoria da tradução na modalidade gestual e o trabalho de seus profissionais, resta analisar como se dá a formação nesse campo.

A práxis dos tradutores/intérpretes de Libras em formação

Qualquer curso que promova a formação acadêmica competente de um indivíduo na área de linguística esbarrará, mais cedo ou mais tarde, na necessidade de desenvolver em seus egressos a capacidade de reflexão acerca de sua prática, culminando na seleção de material teórico sob o qual os futuros profissionais vão embasar sua atuação. A realização desse ideal, contudo, especialmente no que diz respeito à conscientização das bases teóricas que regram a prática profissional se encontra ainda desvinculada do trabalho de "mais de 83% dos pesquisadores", que "não discriminam a base teórica com que trabalham" (BUENO, 2008, *apud* AQUINO ALBRES e AQUINO ALBRES SANTIAGO, 2012, p. 19).

Tanto os estudiosos da tradução de línguas orais quanto os intérpretes de Libras estão expostos ao risco de sucumbirem à visão tecnicista da educação, denuncia Saviani, a qual é descrita pelo autor como sendo "fruto de uma racionalidade, eficiência e produtividade" (SAVIANI, 2009, *apud* AQUINO ALBRES e AQUINO ALBRES SANTIAGO, 2012, p. 16). "Essa organização educacional se constitui de maneira a torná-la objetiva e operacional, o que importa é aprender a fazer, a formação é para uma especialização em determinada função e se perde a formação humanista e clássica" (AQUINO ALBRES; AQUINO ALBRES SANTIAGO, 2012, p. 16).

Essa visão, que abrange pouco ou quase nada da aplicação e do reconhecimento de referenciais teóricos nas práxis, permeia não só cursos como os de formação de tradução e interpretação, cuja regulamentação ainda patina em meio à pletora de dúvidas e inconsistências, mas também os de intérpretes de Libras, que apresentam uma ainda mais duvidosa, devido ao desvio de funções que a profissão costuma ter, especialmente quando relacionada ao âmbito educacional, onde sua atuação é mais marcada:

> O profissional intérprete da língua de sinais atua em diferentes âmbitos da sociedade. Na área da educação, atua no ensino básico ao superior, mas nesta área o profissional ainda passa por momentos de muitos equívocos sobre as suas atribuições. Às vezes é interpretado como professor auxiliar, facilitador, suporte técnico e até mesmo tutor dos alunos surdos (MENDES, *apud* AQUINO ALBRES e AQUINO ALBRES SANTIAGO, 2012, p. 143).

A falta de um título que defina com clareza os intérpretes de Libras contribui para o menosprezo da carreira e dificultar o reconhecimento perante os órgãos públicos e a sociedade em geral, atribuindo um caráter puramente "assistencial" à atividade, em que, conforme relata Rosa (2005, p. 112), "o ILS é entendido pelo Estado como um ajudador das pessoas surdas, diferentemente do tradutor/intérprete". Além da falta de reconhecimento, é notável a escassez de cursos com a vocação principal de formação de profissionais da interpretação.

A grande maioria dos cursos engloba conteúdos gramaticais, mas, segundo Rosa (2005, p. 134):

> nem todos os intérpretes que atuam nas instituições de ensino realizaram esses cursos; na sua grande maioria, a fluência da língua de sinais está nas mãos daqueles

> profissionais que possuem constante contato com a
> comunidade surda fora dos espaços institucionais [...].

Essa realidade que destaca o despreparo dos egressos em cursos de formação de intérpretes quanto à prática de interpretação de Libras contribui para a limitação da difusão e qualidade de atuação dos ILS, os quais precisam buscar fundamentos profissionais fora da instituição que lhes deu a titulação. A consequência desse descompasso entre a formação e as exigências da área é o distanciamento desses egressos do teor científico exigido pelo órgãos responsáveis que cobram do ILS uma formação substancial e científica, mas não fornecem os meios para o desenvolvimento da classe.

Camargo (*apud* AQUINO ALBRES e AQUINO ALBRES SANTIAGO, 2012, p. 79), a fim de analisar minuciosamente o distanciamento da práxis verdadeira das exigências feitas pelos órgãos que contratam o ILS, realizou uma extensa pesquisa com um corpus de provas de concursos públicos que elencou, dentre os níveis estadual, municipal e federal, alguns traços que evidenciam a má formulação dos exames e os eventuais reflexos que isso tem na qualidade dos profissionais de Libras. Ao buscar desvendar as origens dessa precariedade, a Camargo (p. 80) destaca que:

> não houve uma preocupação com a definição e
> normatização de um currículo básico para a formação do
> intérprete de LIBRAS, tampouco a discussão de
> competências necessárias para o intérprete educacional,
> objeto dos concursos analisados.

Conforme a autora (idem, p. 81), uma vez precária no que diz respeito à sua normatização, a formação dos intérpretes recai sobre o espectro "da ideologia dominante onde os profissionais que tem o diploma estão 'mais capacitados'", que prega uma "legitimação da capacidade técnica que nem sempre está adequada às reais necessidades da sociedade".

Munidas do poder de atribuir a seus avaliados um título, as provas de concurso público, apesar de serem a porta de entrada para a vida profissional dos intérpretes e reconhecida publicamente, se mostram deficitárias na sua elaboração. Segundo a pesquisa de Camargo (p. 92), na maioria das provas "há maior predominância de questões da área linguística ou gramática de LIBRAS", recorrendo "a conteúdo principalmente nos campos de fonética e fonologia, morfologia e sintaxe, pouco requerido é o campo da semântica ou pragmática".

Pouco ou nada se cobra nos campos teóricos da interpretação e da tradução, e até mesmo as exigências que remetem a critérios específicos da Libras, como o alfabeto manual, apresentam equívocos ao cobrarem dos avaliados que identifiquem sinais da língua americana de sinais (ASL). Ainda segundo Camargo (p. 93), "essa dificuldade na formulação de questões relevantes revela que a equipe encarregada de elaborar as questões pouco ou nada sabe sobre a Libras e sobre o campo específico".

Ao mesmo tempo em que esses exames constituem um amálgama de conhecimentos teóricos, muito de seu conteúdo se encontra deslocado da prática do intérprete, cuja função é frequentemente difícil de ser determinada, passando pelos ambientes educacionais e de apoio social, mas nunca sendo de descrição direta como dos intérpretes das línguas orais.

Considerações finais

A atuação dos intérpretes de Libras, além de desprovida de fundamentação teórica e de exigências práticas reprodutíveis, sofre de imensa confusão no que diz respeito à atuação. A maior parte dos ILS trabalham no âmbito educacional, em que a interpretação para estudantes surdos é feita tanto por profissionais formados da área, terceirizados ou recrutados diretamente por instituições de ensino, quanto por alunos de graduação que trabalham em troca de bolsas e/ou em monitorias. Apesar de difundida, a atuação da classe ainda caminha mais leiga que profissionalmente, o que, segundo Rosa (2005), se dá devido à falta de regulamentação que gera lacunas no que diz respeito à contratação e à regulamentação ética e trabalhista desses profissionais, muitas vezes desamparados por instituições que os representem.

Regulamentar a profissão, seja ela da modalidade oral, seja gestual, parece ser uma luta interminável: apesar dos esforços da Associação Brasileira de Tradutores, a ABRATES, que já acumula quatro décadas, os órgãos públicos recusam a entender o ato de traduzir em si, seus embasamentos teóricos e os parâmetros que definem a formação acadêmica dos profissionais da área. Com isso, ressalta-se cada vez mais a importância de se promover o estudo e a pesquisa científica no ramo interpretativo, especialmente no que diz respeito a Libras e à formação dos ILS. O reconhecimento de um profissional no meio reflexivo da academia só se dá através da busca por conhecimento consciente, e que, no caso dos profissionais da Libras, venha munir a comunidade surda de representatividade e de voz.

Referências

ALBRES, Neiva de Aquino. A pesquisa produzida por alunos intérpretes de libras (pesquisador aprendiz): questões e desafios. *In:* ALBRES, Neiva de Aquino; SANTIAGO, Vânia de Aquino Albres (Org.). **Libras em estudo:** tradução/interpretação. São Paulo, SP: FENEIS, 2012, p. 15-34.

BARBOSA, H. G. **Procedimentos técnicos da tradução:** uma nova proposta. Campinas, SP: Pontes, 1990.

BUENO, J. G. S. A produção acadêmica sobre inclusão escolar e educação inclusiva. *In:* MENDES, E. G., *et. al.* **Temas em educação especial**: conhecimentos para fundamentar a prática. Araraquara. SP: Junqueira e Marin, 2008.

CAMARGO, Ana C. dos Santos. Concurso público para intérprete educacional: saberes determinados para os candidatos – conjuntura nacional. *In*: ALBRES, Neiva de Aquino; SANTIAGO, Vânia de Aquino Albres (Org.). **Libras em estudo:** tradução/interpretação. São Paulo, SP: FENEIS, 2012, p. 75-107.

KAHMANN, A. C. **Introdução aos estudos de tradução.** 2010. Disponível em:

http://biblioteca.virtual.ufpb.br/files/introduaao_aos_estudos_de_traduaao_13 30351847.pdf. Acesso em: 10 out. 2018.

MENDES, Regina Mª R. Funções do intérprete educacional. Afinal: intérprete, professor-intérprete, mediador ou auxiliar? *In*: ALBRES, Neiva de Aquino; SANTIAGO, Vânia de Aquino Albres (Org.). **Libras em estudo:** tradução/interpretação. São Paulo, SP: FENEIS, 2012, p. 141-168.

MIRANDA, Wilson de Oliveira. **Comunidade dos surdos**: olhares sobre os contatos culturais. 2001. Dissertação (Mestrado em Educação) – Universidade Federal do Rio Grande do Sul. Porto Alegre, 2001.

PEREIRA, M. C. P. Produções acadêmicas sobre Interpretação de Língua de Sinais: dissertações e teses como vestígios históricos. *In:* QUADROS, R. M. (Org.). **Cadernos de Tradução**. Florianópolis: Pós-graduação em Estudos da Tradução, 2010.

ROSA, A. S. **Entre a visibilidade da tradução de sinais e a invisibilidade da tarefa do intérprete.** Campinas, SP: Arara Azul, 2005.

SANTIAGO, Vânia de Aquino Albres. Português e Libras em diálogo: os procedimentos de tradução e o campo do sentido. *In*: ALBRES, Neiva de Aquino; SANTIAGO, Vânia de Aquino Albres (Org.). **Libras em estudo:** tradução/interpretação. São Paulo, SP: FENEIS, 2012, p. 35-56.

SAVIANI, D. **Escola e Democracia**. Campinas: Editora Autores Associados, 2009.

PARA CONCLUIR...

Milton L. Torres
Sônia Mastrocola[66]

> Queira ou não "quem pratica a tradução", a teoria da tradução é inevitável. Quanto mais se recusa a ideia de que há uma teoria da tradução, mais se a reforça, por sua própria recusa, a necessidade de um exame das razões que o impelem a esta recusa, do como, do porquê e da historicidade do traduzir. A rejeição da teoria faz parte da teoria (MESCHONNIC, 2010, p. 23 – nossa adaptação).

O projeto inicial de organizar um livro de natureza didática sobre a prática no limiar das teorias de tradução a muitas mãos e com níveis de formação diferentes, no âmbito de um curso que tem nos seus postulados básicos preparar profissionais da tradução para atender às demandas da área, a princípio parecia uma empreitada fácil, pois a ideia era trazer autores e autoras que servissem de aporte teórico para as disciplinas básicas do curso de Tradutor e Intérprete. No entanto, a epígrafe que introduz esta conclusão nunca fez tanto sentido, porque a discussão sobre a relação teoria e prática é sempre causa de desencontros e crenças que habitam o imaginário das pessoas de que basta saber a língua e, se há domínio linguístico, a tradução é fácil e a teorização não faz falta – o que não passa de ilusão. Independentemente de nossos esforços para valorizar os teóricos da área em nossas reflexões práticas e teóricas nas aulas de tradução, a concepção que as teorias são dispensáveis é lugar comum no ambiente da sala de aula, na graduação.

Foram justamente essas discussões sobre o porquê de estudar teorias de tradução que deram força para que os docentes e discentes do GETI

---

[66] Graduada em Tradutor e Intérprete pela Faculdade Ibero-Americana de Letras e Ciências Humanas (1983) e em Letras Português/Inglês pela mesma instituição (1985). É Mestre em Religião pelo Seminário Adventista Latino-Americano de Teologia (1996) e Mestre em Linguística Aplicada pela Unicamp (2000). Tradutora e professora dos Cursos de Letras e Tradutor e Intérprete do Centro Universitário Adventista de São Paulo, campus Engenheiro Coelho, SP e suas áreas de interesse para estudo e pesquisa são: Ensino de Línguas, Literatura e Tradução.

propusessem os diferentes autores e autoras que foram o objeto de estudo deste livro. O objetivo de entender como as teorias têm viajado e aportado na prática de tradução mobilizou as discussões nos vários encontros e resultou neste material que você acabou de ler. A convivência e a troca de saberes de estudantes do curso intensificaram os conhecimentos a que fizemos referência no ambiente da sala de aula, de forma crítica, ao mesmo tempo em que se ampliou a discussão acerca das práticas de tradução dos diferentes gêneros textuais trabalhados nas oficinas.

A própria pergunta de Pym (2013), respondida em um dos capítulos da obra – por que estudar as teorias da tradução? – sempre emergiu nas aulas de teoria, e as respostas, em geral, ficaram por conta de autores selecionados para a discussão, não só quanto às teorias, mas também como elas são representadas nos exemplos práticos sugeridos.

Daí que tivemos uma visão do conjunto de textos abordados para apontar a existência de diversos caminhos válidos de abordar a teoria de tradução em harmonia com a prática, podendo qualquer uma dessas vias se revelar útil ou estimulante numa dada situação. Buscamos também uma ressignificação da prática pelas discussões das teorias de tradução. De fato, este é um livro que pode ser lido por tradutores e tradutoras, mas, devido à sua abordagem, parece mais indicado para discentes em processo de formação na área de tradução.

Por outro lado, não é preciso ser um Sherlock Holmes para que se conclua que é "um erro capital teorizar antes que se obtenham os dados", pois quem faz isso começa insensatamente "a torcer os fatos para que correspondam às teorias, em vez de fazer as teorias corresponderem aos fatos" (DOYLE, 2016). E este é um bom raciocínio sobre a relação entre a teoria e a prática. É a prática que fornece os dados. Estes são analisados pela teoria e se tornam, sob sua égide, fatos. E é preciso esse constante ir e vir entre teoria e prática. Uma analogia pode nos ajudar a entender essa relação. Segundo Tolkien (2006), andar na corda bamba requer prática e, se um malabarista, ao fazer isso, desenvolver uma teoria sobre o equilíbrio, sua proeza perde a graça e ele vai provavelmente cair. Por isso, Churchill (2015) afirmou que passava "com alívio, do mar agitado da Causa e da Teoria para a terra firme do Resultado e do Fato" ou, no nosso caso, para a "segurança" da corda bamba.

E o problema é que todos, aqui, somos tradutores (isto é, malabaristas). E esse ir e vir entre teoria e prática se torna especialmente desafiante para nós, pois estamos todos profundamente envolvidos com esse trajeto e, por isso, nem sempre conseguimos determinar, com objetividade, o que, de fato, é teoria, e o que, de fato, é uma prática informada ou não pela teoria. Talvez por causa dessa subjetividade intrínseca, Frankfurt (2005) chegue a uma conclusão não muito estranha acerca dessa relação em outro contexto:

> Não há nada na teoria, e certamente nada na experiência, para apoiar o julgamento extraordinário de que é a verdade sobre nós mesmos que é a mais fácil de saber. Os fatos sobre nós mesmos não são particularmente sólidos e resistentes à dissolução cética. Nossa natureza é, de fato, elusivamente insubstancial - notoriamente menos estável e menos inerente do que a natureza de outras coisas.

É mesmo verdade que "toda teoria é cinza" (VON GOETHE, 2006). Toda teoria é cinza para quem depende dela. Assim, toda teoria de tradução é cinza para os tradutores. Porém, apesar de sua cor sem graça, apesar de seu efeito desestabilizador, a teoria pode encher as nossas traduções de matizes interessantes. Esse cinza neutro, solitário, frio e sem graça, quando misturado com a cor surrada e desbotada da prática, vira aquarela, e os tons se tornam sofisticados e esteticamente agradáveis. A teoria da tradução é, portanto, "inevitável", pois é o seu tom cinza e aparentemente frio que aviva e acende a prática. Sem ela, a corda bamba em que nos equilibramos nunca nos pareceria tão segura.

Referências

CHURCHILL, Winston S. **The story of the Malakand field force**. London: Bloomsbury, 2015.

DOYLE, Arthur C. **A scandal in Bohemia**. [S.l.]: Wartelsteiner, 1891 [2016].

FRANKFURT, Harry G. **On bulshit**. Princeton: PUP, 2005.

MESCHONNIC, Henri. **Poética do traduzir.** Tradução: Jerusa Pires Ferreira e Suely Fenerich. Coleção estudos. São Paulo: Editora Perspectiva, 2010.

TOLKIEN, J. R. R. **The letters of J. R. R. Tolkien**: a selection. London: Harper Collins, 2006.

VON GOETHE, J. W. Faust. In: SPENDER, Stephen (Ed.). **Great writings of Goethe**. ew York: New American Library, 1977.

9 788859 391721